目次

「おひとりさまの老後」が危ない！

介護の転換期に立ち向かう

上野千鶴子
高口光子
Ueno Chizuko
Takaguchi Mitsuko

a pilot of wisdom

はじめに　介護保険の転換期に――高口光子の解雇から見えるもの

上野千鶴子

介護保険制度ができて二三年が経《た》ちました。介護保険の理念であった「介護の社会化」は、高齢者と介護家族に大きな恩恵をもたらしました。しかし、創設時（二〇〇〇年）に「走りながら考える」というスタートを切ったこの保険は、改定を重ねるごとにどんどん使いにくいものになってきました。三年に一度改定される介護保険は、第一回介護報酬改定の二〇〇三年度から利用抑制に転じて、年々使い勝手が悪くなってきています。深刻な問題です。

そこへ二〇二二年の三月に飛び込んできたのが、現場の指揮官として長年にわたり並はずれた能力を発揮してきた介護業界のカリスマ、高口光子さんが、二〇年間勤めた法人を辞めることになったという驚きのニュースでした。

私と髙口さんは二〇年以上の付き合いです。髙口さんが勤務している施設を何度も訪ねたり、逆に髙口さんが私の講演会に職員を連れて来てくれたりと、折に触れて髙口さんの変化と進化を見守ってきました。現場を訪れて、彼女が辣腕のマネージャーとして活躍する姿も見てきました。だから、辞める理由が何一つ思い当たりません。いったい、何が起きたのかと連絡を取った私は、彼女がクビを切られたという事実を知って驚愕《きょうがく》しました。

介護施設を立てなおしたり、新しい施設を一から作り上げてきた彼女は、まさに日本の「介護のプロ」でした。そんな人物がいとも簡単に解雇されたという事実。これは、彼女個人の問題ではなく、時代の転換期だと直観的に感じました。

髙口さんは今まで介護のプロとして現場のケアの質を上げようと努力してきました。ただ、彼女は制度に対して一切不満を口にしませんでした。私はそれをずっと不満に思っていました。

だからこの解雇を機に、髙口さんと話すことで日本の介護保険制度に訪れている危機について考えてみたいと思いました。今回、彼女の話を聞いてわかったのは、介護保険制度の改悪によって、施設の現場も恐ろしいことになっているということでした。

私が介護の研究を始めたのは、介護保険制度がスタートする直前の一九九九年。私は、介護保険は世界に誇れる制度だと思っています。介護保険は、それまで家族（主に嫁）が担っていた介護を社会化するという大きな改革でした。何よりも家族のいない私のような者のための制度ができたと思って大喜びし、自分自身のためにも研究を始めました。ところが、制度開始から二三年経った今、とんでもないことが起きようとしています。

介護保険制度は二〇〇〇年に生まれてから、ずっと「被虐待児」と言われてきました。そして成人を迎えようとしているころに持ち上がった二〇二〇年度の介護保険法の改定案は、制度を後退させる改悪でした。このまま見過ごすわけにはいかないと私は「高齢社会をよくする女性の会」代表の樋口《ひぐち》恵子さんと怒りの集会を主催して、衆議院会館を三〇〇人で埋めました。このとき出した抗議声明の中で、造語の名人の樋口さんが「在宅（おうち）がだんだん遠くなる」と名言を吐いて、在宅介護の危機を訴えました。

それから三年後、今回二〇二三年の改定に先立っては、さらに史上最悪の改定案が政府から提出されました。自己負担を原則一割から二割へ、要介護1、2を介護保険から外す、ケアプランの有料化、福祉用具の一部をレンタルから買い取りへ、施設にロボットを入れて職員配置を減らすなど、ひどいものばかりです。二〇二二年秋に実行委員会を立ち上げて「史上最悪の介護保険改定を許さない!!」という連続アクションを実施しました。オンラインで四回、ハイブリッドで一回の集会はすべてユーチューブで無料視聴できるようになっています。私たちの運動の成果もあって、自己負担率の増加やケアプランの有料化などはすべて先送りになりましたが、まだまだ油断はできません。

ここに至るまでの介護保険制度改定の流れや、今回の高口さんの解雇を聞いて、私はますます、このままでは、おひとりさまの老後が危ない!と感じています。

今の日本には「人生一〇〇年時代」という名の「死ぬに死ねない時代」が来ています。誰もこんなに長生きするなんて夢にも思っていなかったでしょう。しかし今、介護はあなたの親にも、そしてあなた自身にも切実な問題になっています。

私たちは人類が経験したことのない超高齢社会を迎えています。そして日本の介護保険制度は、その超高齢社会に対する、これまた誰も経験したことのない新しい挑戦でした。その介護保険制度のもとで、さまざまな介護の実践や高口さんのような人材も生まれ、育ちました。

だからこそ、本書では髙口さんの介護施設での経験を振り返ることで、今、日本の介護がどういう状況下にあるのかを見つめなおし、安心して老いていける社会にするにはどうしたらいいのかを、ともに考えていきたいと思います。

参考資料　**「史上最悪の介護保険改定を許さない!!」連続アクション**

第一回　二〇二二年一〇月五日
「総論、利用者の原則2割負担とケアマネジメント有料化を中心に」
YouTube配信　https://www.youtube.com/watch?v=s-7b8TvEPV0

第二回　同年一〇月一九日
「『要介護1、2の総合事業移行・福祉用具の買い取り』を中心に」
YouTube配信　https://www.youtube.com/watch?v=MCf1HdjitzY

第三回　同年一一月三日
「介護施設の職員配置基準をＩＣＴで引き下げることはできない」
YouTube 配信　https://www.youtube.com/watch?v=dXL7N86l1_Q

第四回　同年一一月一〇日
「訪問医療・看護の現場から〜介護がなければ在宅医療はできない！」
YouTube 配信　https://www.youtube.com/watch?v=E1Jj7tU0UUo

「院内集会および記者会見」同年一一月一八日
YouTube 配信　https://www.youtube.com/watch?v=rFzkye0VJ60

※ＵＲＬは二〇二三年九月一五日確認

第一章　私、クビになりました

――介護保険の危機

「年寄りは生き延びるためには何でも言うんや」

上野　私と髙口光子さんの出会いは一九九九年、介護保険ができる前年でした。私は、東京大学社会学研究室の社会調査実習で学生を率いて熊本県に入りました。細川護熙《もりひろ》県知事時代に磯崎《いそざき》新《あらた》をコミッショナーとして有名無名の建築家を起用した「くまもとアートポリス」計画で作られた、ユニークな公共住宅の住民調査をするためでした。

学生・院生四〇人ぐらいの大所帯で、安く泊まるところを探していたときに、当時髙口さんが介護部長として働いていた熊本市の「特別養護老人ホーム　シルバー日吉」をグリーンコープの大園ひろ子さんから紹介されました。

私が一番驚いたのは、そのとき髙口さんが現場の介護職員に「嫌いな年寄りは嫌いと言っていいし、好きな年寄りは好きと言っていい。えこひいきしていい」って言っていたことです。好き嫌いの感情を出していいと言う。それを聞いて、この施設は変わっているなと思いました。

引率教員だった私は、大部屋で雑魚寝《ざこね》の学生とは別に、「シルバー日吉」のショートステイの部屋に泊めてもらいました。私が泊まった部屋の隣にショートステイのおばあさまがいらして、私に「あんたさんもショートステイですか?」っておっしゃったから、「はい、そうです」って答えました（笑）。たしかにショートステイ（短期滞在）でしたから。泊めてもらったお礼に、学生と私はお年寄りの食事介助のボランティアをしました。私が、あるおばあさまにお食事を差し上げていたら、その方が「奥さん、べっぴんやねえ」って何度もおっしゃる。そこに髙口さんが通りかかって「年寄りは生き延びるためには何でも言うんや」と、捨てぜりふを吐いていった（笑）。覚えてる?

髙口　そんなこと言ったかなぁ（笑）。調査のない日曜日は、みなさん好きに過ごされていて、全然お年寄りに興味がない学生もいれば、何か取ってつけたように関わる人、もう無残に認知症のお年寄りにさんざんやられちゃう人、レクリエーションにすっかり溶け込んじゃう人……などさまざまでしたね。

上野　フィールドに学生を連れて行くと、教室では見られない立ち居ふるまいの柔軟さの違いが見えてきますね。私たちは、その日に取ってきたインタビューデータを、その日のうちにKJ法で分析し終えることが基本だったので、夜中までがやがややっていました。

ＫＪ法というのは、質的研究の分析手法としてよく使うもので、調査対象者の発言から発見を引き出す実証的な帰納分析です。

それをやっていたら髙口さんがやって来て、職員があるお年寄りを嫌いだと言う。それが職員間で問題になっていると言うから、「職員はなぜそのおじいさんを嫌いなのか」をＫＪ法で分析してみようと提案しました。ＫＪ法は集団的な問題解決のためにも、すごく役に立つノウハウです。はっきり言って面倒くさいなとも思ったけど、宿舎とお食事をご提供いただいていましたから、恩返しのつもりでやらせていただきました。あのとき、どういう結論が出たんでしたっけ？

髙口　あれはおもしろかったよね。あるべき介護職としてはお年寄りを嫌いと思っちゃいけないのに、職員はそのおじいさんを嫌いと思っている。それを隠さなきゃと思っていたのが、あ、言っていいんだみたいな感じになって、だんだん悪口大会みたいになっていったんですよ。悪口というか、そのお年寄りへの悪い感情が言葉で出尽くしたところで、ダイヤモンドの瞬間が来た。今度は、それっておじいさんの問題じゃなくて、自分自身のとらえ方とか介護技術の問題なんじゃないかというふうに流れが逆転していったんですよね。

上野　二〇年前のメモリー、すごい。しかもＫＪ法の核心をつかんでる。ＫＪ法がいいのは、まず集団的にやるから誰か一人がネガティブなことを言っても責任を負わなくていいこと。それともう一つ、やっている間に自分で自分を発見できることです。

髙口　ああ！　まさに、それです。私は、この方法は介護の職員会議で使えるって思ったんです。介護の現場では、大暴れする認知症のお年寄りとか、思いが強すぎて対応が難しい家族がいるお年寄りのターミナルケア（終末期のケア）とか、さまざまに困難なケースがあるわけです。そういうケースに直面すると職員は、入居を断りましょうとか、退所してもらいましょうとか、薬を出してもっとおとなしくしてもらいましょうとか、介護とは何かをまるで忘れたかのように、何も考えず拒否や否定を言い出します。また、何か起きたときに誰が責任取るんですか、なんて言う職員もよくいますね。なぜ、このような現象が起こりやすいかというと、わき出る自然な感情、特に悪性の感情（ここで言う悪性の悪とは善悪の悪ではなく嫌悪の悪で、自分にとって嫌な感情のことです）を充分表出して、他者に受け止められて、やっと人は感情から解放されて「考える」ことができる。それなのにこの過程を経る手間を介護職は、仕組みとして持っていなかったからです。

それは、奉仕や献身で行う介護や福祉を仕事にしている者は、お年寄りを否定する悪性の感情など現場で出してはならないと思い込んでいたからです。利用者であるお年寄りを汚いとかわずらわしいと思っちゃいけない、と。だけど、介護は奉仕や献身ではないし、嫌いな人を嫌いって思っている私がいるのは事実。だからまず、そういうマイナスな悪性の感情や思いを表出してもらう。これを会議という公の場で全部出し切るということがチーム作りや介護の意味を問うためには必要でした。

一番盛り上がったのは、介護職に殴りかかる男性利用者のときかな。そのおじいさんのあざを見つけた家族から「職員が首を絞めたと本人が言っていますよ。じいちゃんもたたいているけど、あなたたちもたたいているんでしょ。じいちゃんの認知症のせいにしないでね」とクレームが来ました。おじいさんの暴力を受けながらも、ほかの職員がたたかれないようにかばっていた職員は、家族に疑われながら介護することはできないと言い出しました。その話し合いをしているとき、介護長だった職員がぽろぽろぽろぽろ泣きながら、こう言ったんです。

「あんなに暴れて、たたかれて介護しているのは私たちだ。もう嫌だと、泣いている職員もいる。職員を守るかお年寄りを取るか、介護長としてぎりぎりの気持ちだ。そのおじいさんが転倒して脳震盪《のうしんとう》を起こしたとき、私は死ねばいいと思った」と。その場がしーんとなりました。これを聞いて、私は「介護長が死ねばいいなどと思っている施設ではお年寄りは幸せじゃない。精神科病院へ行ってもらうほうがいいんじゃないか。病院で薬を飲ませてもらえばおとなしくなるから、家族は穏やかでいられる」って言ったんだよね。そうしたら、またしーんとなりました。

これって、やっていて結構怖いんですよ。文句を言って、言って、出し切って、じゃあ、やめましょう、断りましょうということになることもあるわけだから。

上野　それはそう、賭けですよ。どっちに転ぶかわからない。で、どうなりました？

高口　しーんとしてしまって、誰も発言できなくなったとき、新人職員が小さな声で、「病院に行ったらどうなっちゃうのかな……」「薬でおとなしくなるって、なんかかわいそうだな……」と、発言するというよりつぶやいたんです。お、いいぞと思っていたら、黙っていた職員から、私だって出したくて出すって言ってるんじゃないとかどんどん本音が出てきて、じゃあ、私たちがやるしかないじゃんと空気が変わって、だったらどうするのよと方法を検討し、まず一週間頑張ろうという結論が出ました。

このような介護の感情から意思ある思考への展開を作るのは本気じゃないとできないし、巻き込まれると駄目になる。その加減が難しい。この場合は、責任感の強い、まじめな介護長の「私は死ねばいいと思った」という言葉がダイヤモンドの瞬間でした。

上野　よくぞ口に出して言ってくれたと思ったでしょう？　これは挑発型マネジメント。キャラが関係するから、誰にでもできる方法ではありません。私も学生に、ほとんど同じようなことをやっています。「今こういうことを言ったよね。それってどういう意味？」「あ、今、僕、差別発言をした」「あ、そう。そう思うの？　どうして？」って、私のほうからは指摘しないで、ギリギリ追い込む。ネガティブな意見もポジティブな意見も、どちらも自分です。個人は矛盾したことを言うけれど、それを全部記録して、見える化するのがKJ法の肝なんです。

老人病院での「不幸くらべ」

上野　髙口さんがヘッドハンティングで「シルバー日吉」に入職したことは聞いていまし

たが、その前のことはあまり聞いたことがありませんでしたね。ヘッドハンティングされるということは、介護業界でかなりの実績を積んでいたということですか。

高口　「シルバー日吉」で働く前は、同じ熊本県内の老人病院に理学療法士（PT）として勤務していました。

上野　当時は今と違って、理学療法士、作業療法士（OT）というリハビリの専門職が圧倒的に足りなくて、引く手あまただったと思いますが、よりによって老人病院ですか。介護保険前の老人病院に対する社会からの風当たりの強さは相当なものでしたね。

高口　そうですね。当時、退院できる状態であるにもかかわらず行き場のないお年寄りが入院を続けることが「社会的入院」と言われて、社会問題になっていました。私のいた老人病院がまさにそのとおりだったわけです。当時、老人病院は患者を薬漬け、検査漬けにし、さらに手足を縛るなどの身体拘束をしていると批判され、「ルポ老人病棟」などの記事が週刊誌で注目されて、悪の権化であるかのような言われ方をしていました。

上野　介護保険制度誕生の背景には、その社会的入院の解消がありました。それもお年寄りのためというより、社会的入院でふくれ上がった医療保険財政をこれ以上圧迫しないようにという「不純な動機」から。その後も介護保険制度は誕生から現在に至るまで、ずっと被虐待児と呼ばれています。

高口　私はそんな老人病院に初のリハビリ専門職として入職しました。治らない病気に無関心な医師、流れ作業でお年寄りを物のように扱う看護師たちの中で、私に元気をくれたのが入院中のお年寄りたちでした。治療の必要もないのに病院にいなければならない環境の中で、お年寄りは自分の居場所を作り、したたかに生きていました。「不幸くらべ」はこの病院で生まれました。

上野　不幸くらべって？

高口　死とかボケという話題は、老人病院でもタブーで避けていたんですが、患者さんであるお年寄りたちがリハビリの訓練室に集まっているとき、「私は手がブラブラで何も感じんとばい」とあるおばあさんが言うと、もう一人が「あんたは左だけんよかね。私は右マヒばい」といばって言うんです。すると、最初のおばあさんが「私の足はカタカタばい。とんがってしまって、車椅子にも乗らんとばい」。それを聞いてもう一人は「なんね、私の足はブラブラばい」と、どっちのマヒが重度かを言い争っているんだけど、マヒでは勝負がつかない。すると今度は「私は白内障ばい」「私は腰痛症ばい」とお互いの病気でどっちが大変かを言い合うんだけど、それでも勝負がつかない。やがて二人がキッと私を見て「あんた、リハビリの先生やったら、どっちが不幸が決めちょくれ」ときたんですよ。

上野　いやぁ、年寄りはしたたかですねぇ。

髙口　で、翌日のグループ訓練の時間に、参加者みんなでどっちが不幸かを決めるというレクリエーションゲームをやったんです。そうすると、先の二人がだんだん病気のことだけじゃなくて、「あんたには息子がおるけんよかろうも」「あんなもん、おらんほうがせいせいする」とか「あんたには、じいさんがおるや」「嫁に世話になってから肩身がせまか。あのボケじじい」とかなんだかわからないけど、家族関係でも自分のほうが不幸だと言い始める。そこにパーキンソン病のおじいさんが出て来て、白板に正の字を書いて不幸の数値化を始めたんです。日頃は表情も変わらない、レクリエーションに参加している「老人患者」が、正の字に一本線が入るたびに大声を出して拍手します。

死や家族との冷めた関係などが、お年寄りの口から語られていき、それがゲームになる。ネガティブな状況が、コミュニケーションの起点になっていく。その状況を、医学書院の

「生きいきジャーナル」という介護雑誌に発表したところ、テレビ局から取材が来たんだけど、ボケ・ウンコ・ババアとか、放送しにくい言葉がいっぱいで大変だったなんてこともありましたね。

上野　へぇ〜、本人が語るってとこがミソですが、テレビ放映は難しかったでしょう。

髙口　今から三〇年以上前、老人病院は、最低、最悪だとさんざん言われていました。でもそれなら、今より悪くなることはないんだと開き直って、いろんなことにチャレンジしました。

私は、ここにいるお年寄りにとって病院が治療の場でなくなっているのなら、お年寄りは「患者」「病人」ではなく、「病院が生活の場である人」でよいのではないかと考えるようになりました。それから私は、いわゆるリハビリの訓練より、レクリエーションや行事をお年寄り（患者）も職員も一緒に楽しむことに力点を置くようになります。入院している方々の生活を豊かにするためのことを考えるようになったんです。そして、その場で経験したことや感じたことを雑誌やセミナーで発表するようになりました。ところが、これがまた看護師たちから猛反発を食らってしまった。

看護師からの反発

上野　なぜ、看護師から猛反発を受けるんですか？

髙口　治療という関わり方しか知らない看護師には、病院に生活を持ち込まれることが理解できなかったのだと思います。

そんなとき、熊本県で老人介護に関わる者たちで作っていた自主的な勉強会で三好春樹さんに出会いました。特別養護老人ホーム（特養）職員から理学療法士になった三好さんは、介護現場の経験とリハビリのスキルから生まれた「生活リハビリ」というケアの方法や考え方を広めるため、独立して全国各地で小さな講座を開催していました。三好さんは、病院の安静看護が老人を駄目にしているということを強く主張していたので、看護師から猛烈に反感を買っていました。今でいう炎上ですね。総攻撃を受ける一方で、三好さんの言う生活リハビリに強く共感する現場も徐々に出てきていました。その一つが、上野さんと出会った「シルバー日吉」です。生活リハビリをケアの基本に据えたいと構想していた「シルバー日吉」の施設長から、うちに来ないかと声をかけていただいたんです。

ちょうど子育てが一段落したころで、時間的に余裕が生まれ、多少遠い場所でも通勤できたこと、老人病院での経験で、「治療」が終わったあとに必要なのは「生活」だと実感したこと、それは、生活の場である特別養護老人ホームで「介護」と呼ばれて実践されていること、さらに、医師の指示が不要なところで自分の力を試してみたいということ。そのような動機で、私は転職を決意しました。

上野　そういう背景があったんですか、まさに髙口光子の原点ですね。老人病院にはどのくらい勤めたのですか？

髙口　結婚・妊娠・同居などの理由で移動して三か所の病院で働いたのですが、都合一〇年くらいかなあ。私のキャリアを振り返ってみると、だいたい病院一〇年、特養ホーム一〇年、介護老人保健施設一〇年という感じです。

「シルバー日吉」には、介護職として入職し、若い介護職と一緒に勉強して介護福祉士とケアマネージャーの資格を取得しました。そのころですね、上野さんが学生さんを連れて来られたのは。

上野　介護保険を語るとき、私には思い出す言葉があります。「兵法にいわく、戦略の間違いを戦術で補うことはできない。戦術の間違いを戦闘で補うことはできない」。戦闘というのが髙口さん、あなたのいる現場。戦術を考えるのが介護事業者、そして戦略を練るのが政治です。

講演会でもこの言葉をよく紹介するんだけど、髙口さんが静岡に移ったころに、自分の施設の職員を連れて講演会に来てくれたときに、「上野さんの言うことは、しち面倒くさくって、よくわからない」って言いながらも、職員さんに一番響いた言葉がこれだったと言ってくださった。それを聞いて、現場の人はすごい、核心をつかむ力があると思った。

そもそも介護保険の戦略が欠陥だらけの上に、使える戦術も限られている中で、あなたは最前線で戦闘現場の指揮官を二〇年やってきた。これだけの欠陥と限界だらけの戦略・戦術の下でよく頑張ってきたと思う。でもそれは、「木口小平《きぐちこへい》は死んでもラッパを口から離しませんでした」という日露戦争のエピソードと同じ。大本営と軍隊を免責してしまうことが、私の髙口さんに対する不満でした。

経営者の生産性と組織防衛によって起こった解雇

上野　そんな戦闘現場の指揮官であったあなたに、突然の解雇の話が浮上してきた。それを聞いたとき、ただごとじゃないと思いました。二〇年働いてきたX施設会から職を解かれたわけですが、その経緯を聞かせてください。

高口　二〇二二年三月末で、私はX施設会を辞めたわけだけど、事実上の解雇でした。X施設会は職員が一万三〇〇〇人以上いて、いくつもの介護施設を経営する、法人や会社の集合体でした。私はそのグループの中にある静岡などを拠点とする法人の四つの施設、そして解雇前は東京の関連法人が経営する特別養護老人ホームに関わっていました。X施設会にいたのは二〇〇二年から二〇二二年までです。

　当時、私はやりたい介護について発言・発表していました。高口のやりたい介護は介護として決して間違っている方向性ではない。その介護を現場に伝えてほしい、形にしてほしいと懇請され、その場を与えてくれたのがX施設会代表のYさんでした。だから、私のやりたいことをやらせてもらいつつ、経営者の意向を読み取り、それに応えることで、彼の思惑と私の目標が合致していく。で、彼にとっても私にとってもいい状態になっていると思っていたし、それが私の自負でもあったんですよね。解雇という現実に至った今となっては、私は経営者の意向を読み取り切れなかったんだなあと思う。

上野　解雇の理由は、何でしたか？

高口　神奈川県内でX施設会が新規に開設する施設を担当していたのですが、その設計などについて代表と話したとき、私は「人員が足りない中で、監視カメラの導入をしたら介護が成り立たなくなる」と自分の介護観をもとに発言しました。監視カメラを導入したい代表はその主張を受け入れませんでした。

そのあと、ますます監視カメラ導入の意向は強まり、X施設会の方針として、新規施設の全居室に監視カメラをつけることが決定しました。それから、私の直属の上司である事業部長から呼び出されて、「高口さん、申し訳ない。来年度からあなたの籍はない」と告げられました。事実上の解雇通告です。ここに至るには、代表のYさんから、「今年度で高口との契約を終了しろ」という連絡があったというのです。事業部長からは、解雇ではなく、入職してちょうど二〇年の節目で高口の意思で辞めたということにしてほしい、と頼まれました。

私に辞めろという、その理由は何ですか？と聞いたところ、高口は、ＩＣＴ（情報通信技術）の導入をよく思っていないどころか、何よりも施設内の居室カメラ導入に反対している。監視カメラの導入は、これからの介護を乗り越えていく国の方針であり、Ｘ施設会の指針でもある。ここを理解できない者はいらないとＹ代表から言われたとのことです。

上野　そんな理由は後づけだと思う。それを聞いたときに、不当だと思わなかったんですか？　依願退職の条件をのんだんですか？

高口　うん、事業部長の言うことをのみました。上司として事業部長にはお世話になっていたし、その彼があまりに憔悴《しょうすい》している姿を見たら、何も言えなくなりました。

上野　そこで妥協したのなら、この先もずっと沈黙を選ぶこともできたでしょう。私との対談でしゃべる気になったのは、納得していないからでしょう？

高口　そのときはＹ代表から一方的に言われて、ここは我慢してくれと懇願する事業部長を前にして、そんなに私が悪いのかみたいな気持ちになった。経営者の指針に理解も共感もできない、そんな私は今の組織に対して何の役にも立たない。それどころか、今まで私を心配してくれた人をこんなに苦しめている。私はなんて駄目な人間なんだろうという気持ちになりましたね。私がこの人にできる精いっぱいの恩返しは、二〇年を節目にして去るということなんだと思い込んで、もう本当に金縛りのような感じでした。

上野 やっぱりあなた、小状況主義ね。大局を見て判断するんじゃなくて、目の前の小状況に脊髄反射したわけですね。不当な解雇だと、代表のYさんと交渉しようとも思わなかったんですか?

高口 そういうファイトはもうなかったですね。だけど上野さんからいただいた『往復書簡 限界から始まる』(上野千鶴子・鈴木涼美、幻冬舎、二〇二一年)という本にあった「『被害者』を名のることは、弱さの証《あかし》ではなく、強さの証です」という一文を読んで、気がついた。私は、経営者の意向を読み取れない者は敗者であり、発言などしてはならないと思っていましたし、自分が解雇されたと発言することは、決定的に私を敗者にすることで、自分が敗者になることなど受け入れられませんでした。だから、経営者や上司の意向をくみ取って、何事もなかったかのように穏やかに退職するのが強い職員としての所作だと思っていました。でも、そう思い込むことが相手にとってどれだけ都合のいいことか、後に冷静になると気がつきました。私の解雇とはいったい何だったのか。それを明らかにしないと、これから仕事としての介護に向き合えない。この気持ちを力にして、振り絞って今ここでしゃべっている感じです。

上野　現場の指揮官として、長きにわたって人並み以上の能力を発揮してきたあなたが、現場に波風立てないようにして去った。私は高口さんが解雇されたと聞いたとき、時代の転換期だと直観的に感じました。あなたにも、収まらない気持ちがあるのでしょう？　ここでは思いの丈を語ってください。

高口　「何なんだ？　この展開は」と思うところはありました。結局、私が駄目なんだという方向に傾くんだけど、そうじゃない、しっかりしなきゃとも思う。

上野　これは高口さん個人の問題とは思えない。組織と経営とリーダーシップを考えたら、これはメソレベルの問題です。

高口　何、メソ？

上野　あなたがメソメソしてるってこと（笑）。マクロとミクロの間をメソっていうのね。マクロというのは全体を見る視点、ミクロは個を見る視点、メソっていうのはその中間。

そこに課題があるっていうことだと思う。

X施設会に何か特別な問題があるという解釈になりかけていたけれども、あなたの話を聞いて、そうじゃないという感じがしてきました。髙口さんをクビにした経営者が一貫して追求しているのは生産性です。そしてその背景にあるのは、介護保険法の改定で施設の職員配置の基準を三対一（三人の利用者に対して常勤換算で介護職員一人を配置）から四対一（四人の利用者に対して介護職員一人）にしてもよいという政治の問題。職員配置の基準緩和は、絶句するほかないような無謀な策ですが、そこでキーワードになるのも生産性です。そういう大きなマクロの変化の過程で、メソレベルの組織が変わっていくときに、ミクロの現場の戦闘員である髙口さんが切られたんだと思えます。

髙口　三対一とか四対一というのは、最低何人の介護・看護職員が法律として必要かという介護保険施設の職員配置の基準のことですね。勘違いされやすいのですが、三人の利用者に対して一人の常勤職員が常駐しているということではありません。利用者三人に対して、介護・看護の職員を最低一人は雇いなさいという基準です。現実には、この三対一基準では、週休二日も年間五日の法定有給休暇も取れないので、現場では二・五対一、あるいは二対一くらいの人員配置で、やっと勤務が組めているのが現在の状況です。二対一基準で早出・遅出以外の日勤者が組めるか組めないかの現場に、仮にカメラを導入したからといって四対一基準にして人を減らしても意味がないし、そんなことしたら、そもそも勤務が組めなくなる。実際に今までもいろんな機器が現場に入ってきたけど、あまり役に立たなくて使われずに無駄となってきた。監視カメラ導入とかもそうなると思うんですよね。

上野　甘いなあ！　介護事業では人件費が一番経営を圧迫する経費だから、人を減らしてコストを抑えたいと経営者は一貫して思ってるでしょう。だから、ＩＣＴ化を進めてコストカットをして生産性を上げようとしている。それに、人が減って事故が起こったとしても、カメラがあれば「証拠を記録している」というエクスキューズになります。つまりカメラ導入は組織防衛のためでもある。この生産性向上と組織防衛という二つの論理が経営者を動かしているとしたら、あなたのクビを切ったというY氏の判断は合理的だと思う。だって生産性向上と組織防衛に反対していることになるのだもの。納得する？

高口　経営者は本気でそう思っているのかな？　それがびっくりですよ。普通に考えたら、監視カメラ入れて四対一なんてそもそも介護にならないから、生産性も組織防衛も成立しませんよ。

上野　介護現場の生産性向上とＩＣＴ化の話はあとにしましょう。その前に、髙口さんがこれまでやってきた介護現場での実践をお聞きしましょう。

第二章　こうして私は介護のプロになった

介護アドバイザーという職業

上野　高口さんは傾いた介護施設を立てなおしたり、施設を新規オープンしたりと、二〇年間、X施設会で働いてきたんですよね。「シルバー日吉」からX施設会に移った理由は何ですか?

高口　最初は二〇〇一年七月に、X施設会の介護老人保健施設(老健)の介護アドバイザーとして呼ばれたんです。そこでは、弱体化した施設を立てなおすために、中間管理職を育てたり、職員研修を行ったりと介護のコンサルティングをやっていました。その当時はまだ、「シルバー日吉」に籍を置きながらX施設会のコンサル業務もするという勤務状態でした。

あるとき、X施設会の公開講座で講演をした私のもとに、小さなおじいさんがやって来て、今の職場を辞めてX施設会に来てほしいと直接オファーをされたんです。これが当時のX施設会の総帥で、今のY代表のお父さんにあたる人物です。公開講座の最後に、代表であるYさんが「X施設会は二〇〇二年四月から高口光子を迎えて生活リハビリの体現を目指す」というような宣言をしたんです。

上野　生活リハビリの体現を目指すとは、つまり三顧の礼をもって迎えられたわけね。

髙口　生活リハビリっていうのは、医療モデルに対する生活モデルの考え方とほぼ同じと言っていいと思います。介護施設は病院とは異なる場所です。介護現場にいるお年寄りは患者という受け身的な存在ではなく、生活者として主体を尊重される存在。求められるのは病院のように管理される治療ではなく、その人の生活習慣を大切にして、持てる力が個性となる関わりです。

X施設会に転入して、静岡の老健Aに入職することになったんですけど、そこの職員の中には、髙口が四月から常勤職員で来ると聞いて、その足で上司の家に行って「辞めます」と言った人もいたそうです（笑）。

上野　「介護アドバイザー」っていう肩書きは、現場のあら探しばかりやって外野から現場をひっかき回すイヤな存在。あなたはイヤな介護アドバイザーとして名が知られていたわけね。

髙口　そうなんでしょうね（笑）。ただ、当時は熊本に高一と中二の娘がいましたし、単身赴任することになるわけなので、すぐに返事はできませんでした。
　で、思い切って家族に相談したら、意外にも行け行けみたいな感じでした。夫には「いや、あんた、一応家族に聞いているふりしているけど、決めてんでしょ」と言われました(笑)。それでも、ずっと九州でそれなりに人のつながりもある中で働いていましたから、正直、なんの実績も人脈もない土地で働くのはちょっと怖かったんですね。そうしたら、娘が「お母さん、地方大会で優勝して全国大会に出ることになったけど、全国大会でどんけつになったら、地方大会で優勝したのさえ駄目になっちゃうから、ビビってんでしょ」と言ったんですよ。

上野　うまいこと言う。大した娘だね。

高口　私は三〇代の後半ぐらいだったかな。

上野　てことは、それから働き盛りのおよそ二〇年をX施設会にささげたことになりますね。

高口　そうですよ。当時の私はよい介護の実践は、「『シルバー日吉』だからできるんでしょ」とか、「高口さんだからできるんでしょ」と言われるのが嫌でした。私は、いわゆる法律で定められた人数や条件を守りつつ、現場のマネジメントによってよい介護は実践可能と思っていましたから。

そんなときに、X施設会で働かないかというお話が来たわけです。静岡という地縁も血縁もないところで、熊本でできたことを再現してみせるという気概みたいなものはたしかにありましたね。

そして、介護アドバイザーとして関わってみてわかったことがあります。一つの施設を本気で変えるためには、その組織に入って「私が責任を取るので思い切りやってください」というふうに責任の所在を明確にして、指示を出す展開を取らないと駄目だということです。

二〇〇二年四月にX施設会に入職して、最初の施設に生活リハビリ推進室室長として配置されました。

上野　所長とか施設長の待遇じゃなかったの？

高口　介護老人保健施設なので、施設長は原則、医師となっています。老健っていうのは介護が必要な高齢者を受け入れて、リハビリや医療を提供しながら生活再建をする施設なんだけど、特別養護老人ホームと違って、管理者（施設長）が常勤医師であることやリハビリ職が必置で看護師配置が手厚いというのも特徴で、二四時間看護師が常駐しているところも多いんです。在宅復帰を目指す施設とはいっても、現実には自宅に戻れる人はそんなにいません。

集団処遇からの脱却

高口　X施設会の老健Aは、二〇年前のこととはいえ集団処遇が横行しているところでした。集団処遇っていうのは文字どおり、食事・排泄《はいせつ》・入浴を一斉に集団で行うことです。二階、三階のお年寄りを一斉に一階の食堂に運んで食事をさせるとか、大きなお風呂で決められた曜日のみに一斉に入れる集団入浴とか、ほとんどの利用者が決められた時間に一斉にベッド上でおむつ交換をされるとかしていました。ひとりひとりの個性を尊重したケアなんてここにはなく、すぐ立ち上がるような認知症の人への身体拘束も当たり前でした。おとなしくなるように薬は飲ませるし、鍵もかけている。いまだにこんなところがあったのかというぐらい古い介護をしていました。二〇年前といえば介護保険ができて、利用者の尊厳が謳《うた》われ、生活リハビリや個別ケアが主流になりつつあったにもかかわらずです。

このころのケアで先駆的だった取り組みに、「宅老所」といわれる小規模事業所でその人らしさを大切にするスタイルがありました。それらをモデルにして、入居型の大規模施設でも小集団でケアをするユニットケアという方法論も生まれてきていましたね。これがのちに特養の個室ユニットとして制度化されます。私が立ち上げから関わった施設は、老健も特養も全部、個室ユニット型の施設となりました。

私が最初に担当したこの従来型の大規模老健に、介護アドバイザーとして関わったときは、会議のときに職員を立たせて、集団処遇に対して、「それでいいと思っているの？」「いいと思っている理由を言いなさい」「介護を受けているお年寄りの気持ちを考えたことがあるの？　おむつをつけっぱなしで、あなた、ご飯を食べたい？」など、意地の悪いことばかり言っていました。

上野　鬼軍曹ね、それは嫌われるわ。まして、ヨソモノなんだし。

高口　はい。最初はヨソモノでした。ところが、介護アドバイザーから常勤職員となると、私は職員への対応を変えました。少なくとも、職員に敵じゃないと思ってもらうところから始めました。それまでは敵のように思われていたアドバイザーだけど、四月から一緒に早出も遅出も夜勤もやる。会議も出る。記録も一緒につける。そこから始めました。

あるとき、「お風呂当番ってどういうことするの？」と尋ねると、職員が「今日のメンバー（お年寄り）を見る」「さっさと運ぶ」「お湯をかける」とか、入浴の過程をポツポツ話してくれたので、私は黙って白板に書いていきました。

その内容を聞いていると、「お年寄りを裸にして廊下を運んでいるな」とか、「問答無用でお湯をかけているな」とか、「やっているのは入浴誘導じゃなくて拉致じゃないの」とか、「ほとんど暴力だ」とかムカムカ思うけど、感想や批判的なことは一切言わないで出てきた言葉をそのまま書いていきました。すると、そこにいたおばさん職員が、自分がやっている介護を言葉として見て、一言「ひどいわね」と言いました。

上野　たしかにひどいね。入浴介助する職員さんは一人なの？

高口　その当時は、連れて来る係、服を脱がす係、洗う係と分業でした。

上野　ということは、ほかの人のやり方を見ることはないわけ？

高口　ありますよ。目では見ていても、それを心で受け止め、頭で考えるという意味でちゃんと見るということはありません。集団処遇なので、じゃんじゃんお年寄りを連れて来て、じゃんじゃん脱がせて、じゃんじゃん洗って、何時までに何人終わらせるということだけが頭にあるもんだから、人のやり方を見て心を込めて考えながら介護なんかしていないんですよ。

上野　みごとな流れ作業ね。集団処遇って恐ろしい。

高口　そんな状況ですから、新人には、先輩の背中を見て覚えろみたいな教え方しかありませんでした。たとえば、認知症の人の言うことを一々聞いてたら進みやしないんだから、黙って連れて来なさいとか、ボタンを全部外してる時間はないから、一つ二つ外したら、あとは万歳してもらって一気に脱がせるとか、浴槽に浸《つ》かるのは時間を決めて一回のみとか。そういう、いかに早く終わらせるかというやり方が主流でした。

上野　そういう指導が行われていたというよりも、それがノウハウとして確立していたわけだ。

高口　誰よりも時間的に速く、量的に多くこなすというノウハウ。

上野　それが生産性ですよ、高口さん。単位時間あたり何人処理できるかということ。

高口　そうですね。当時最も効率的だと言われているやり方を先輩たちがやって、背中を見て覚えろ、で伝えていく。

上野　それが、介護職にとっての伝統芸能になっているわけね。

高口　たとえば、「おばあさんの話が長くて仕事が終わらない。最後までお話を聞けないから、私は悪い介護職だと思います」と言う新人に、ベテランが「そうよ。優れた介護職はね、最初から話しかけられない。そういうスキを見せない」（笑）。

上野　すばらしいわ、生産性って（笑）。そうやって、介護のプロになっていくんだね。怖いです。

高口　集団処遇を徹底するということは、お年寄りを数や量とみなして、本人の意思を無視することで効率を上げていくことになります。だから、介護のプロというのは、そうじゃないよということを教えるところからが私の仕事です。集団処遇での効率化が当たり前と思って自分がやっていることを、あえて言語化してもらって紙に書く。そして職員と一緒にそれを見ました。すると、介護職自身がこれはひどいと自分で気がついたんです。お、いいなと思いました。

上野　そうなのよ。ＫＪ法は、自分が自分を発見するメソッドです。

高口　そのあと、話し合いの時間を持ちました。自分のやっていることを「言う」→「書く」→「見る」→「気づく」という経験が彼女たちはおもしろかったみたいです。自分たちが何も考えずに取りつかれるようにやっていた行動を、あ、こういうこと？と距離を置いて見ることができたという感じです。

上野　めちゃくちゃ教育的だわ。有能な現場の指揮官ですね。

入浴委員会

上野　それで、その施設はどう変わりましたか？

高口　劇的に変わりました。入浴ケアを中心に業務見直しを行う入浴委員会を核にして、今まで勉強してきたことやセミナーで聞いたことが、話し合いを通して自分たちで考えて形になっていく。さらに、自分の知識や技術、勉強したこと、練習したことに対して、お年寄りが表情の変化としての笑顔や、行動変容としての寝たきりからの脱却など、ＡＤＬ（日常生活活動）が向上する形で応えてくれるので、私たちのやりたいことはここにあると確信しました。

上野　なるほど、お年寄りの変化を実感したのですね。

高口　そうです。その職員とお年寄りの変化はすごかったですね。入浴委員会が中心となって実践して、自信が確信になったので、一緒に働くチームの仲間たちに入浴ケアの改善案を提出するようになってきました。

上野　部下の自発性を促すとは、さすが管理職。それで、個浴設備を入れさせた？　元からあったわけじゃないですよね。

高口　施設のお風呂といえば、温泉のような大きい浴槽と、寝たままの体勢で浴槽に沈めて洗う機械浴しかありませんでした。寝たきりにしない、生活習慣を守るとか理念で言っているわけだけど、それをお風呂に置き換えると、家では一人で座って入るお風呂が普通ですよね、ってところから話しました。

「あの寝て入る機械浴はうちにもあったから、この施設にもあってよかったと言うおばあさんがいる？」と聞いたら、「いないです」。「そうでしょ、機械浴は生活習慣ではない」ということを最初に確認します。

上野　それ、笑える。おうちに機械浴はないもんね。

高口　当時、家庭浴槽は施設にはなかったけど、施設中を探したら、家庭復帰訓練室に一個あったんですよ。そのお風呂にお湯を張って、入浴委員のみんながＴシャツ・短パンになって、湯船のお湯に実際に身を沈めて、練習したんです。

上野　ああ、家に帰るための復帰訓練をするために、一人で入る家庭浴槽があったわけですね。

高口　勉強したことを職員同士で実際にやってみると、じゃあ次はお年寄りに入ってもらおうって話になった。そこで私は、あなたたちにとっては初めての入浴介助だから、第一号は、大好きなお年寄りにしよう！と提案しました。「この普通のお風呂に入れてあげたいと思う大好きなお年寄りはいる？」って聞いたら、入浴委員会のメンバーが、「お年寄りを好きとか嫌いとか言っていいんですか？」って言うわけです。

上野　そうなのよ。私もあなたがお年寄りをえこひいきしていいと言うのが、すごく新鮮だった。誰だって好き嫌いはあるけど、タテマエ上、そんな感情は表に出してはいけない職種でしょ。

髙口　ってみなさんよく言うけど、好き嫌いはあって当然じゃないですか。それをお年寄りを嫌いだなんて思っちゃいけないというほうが、人を抑圧することになると私は思うんですよね。もっと言うと、イヤだと思う自分の感情に気づいて、無理に否定しないで、それを話せる人がいるかどうかなんですよ。イヤだとか汚い、怖いという悪性の感情を介護の現場で一人で抱え込むのは、とても危険なことです。不適切なケアや虐待の根っこには、こういった悪性感情を誰にも吐き出せないということがあると私は思っています。

この人が好きと言っていい

髙口　入浴委員会のメンバーは、通常の会議や勉強会では黙っているような人たちなんだけど、好きなお年寄りのことを聞かせてと言うと、彼女たちがすごくしゃべり出したんです。このおじいさんが好き、あのおばあさんが好きって。夜勤でこんな話をしてくれたんだとか、食事介助のときにおいしかったと言われたとかね。それを聞いていて、人は自分がなぜその人を好きかということを、こんなにも生き生きしゃべるんだと思った。

上野　たしかに人は、ネガティブな感情よりポジティブな感情のほうを生き生きとしゃべりますよね。

高口　どうしてそういうことを施設のサービス担当者会議で言わないのって聞いたんです。そうすると彼女たちは、「カンファレンスとかサービス担当者会議は、歩かないとか、大声出すとか、薬を飲まないとか、その人の悪いところばっかり言うから。『トウショク』とか言うんだよ」と。

上野　トウショク？

高口　隣の人が食べているものを取って食べることを、盗食って言うんですよ。

上野　介護職はなんでそんなわけのわからない専門用語を使うのかしら？　盗み食いとかつまみ食いとか普通にわかる言葉で言えばいいのに。褥瘡《じょくそう》とか完食とかもね。

高口　そもそも、盗んで食べたというより、自分のものと区別がつかなくなって食べてしまっただけかもしれません。それを盗みという言葉で言うのは失礼ですよね。入浴委員会のメンバーにとって、サービス担当者会議は、失礼な言葉を使ってお年寄りの悪いところをあげつらう場所に見えたんでしょうね。あんなところで発言したくないみたいな感じもあったんでしょう。

上野　それって、真っ当な感覚ですよ。

高口　介護職の中には、その人のいいところとかおもしろいところを見つけて、この人と一緒に何かをやりたいという気持ちがあるのだと思いましたね。好きなお年寄りを口外することで介護職としての自分の気持ちを率直に言っていいんだと彼女たちが受け入れると、当時の入浴委員長が、「私はエンドウさんが一番好きです。私は入浴委員長だから、エンドウさんを一番にお風呂に入れます」と権力行使しました（笑）。

上野　なるほど、なるほど。権力行使は気持ちいいでしょう。

高口　お年寄りの意思を無視した集団処遇を繰り返すという自己嫌悪を抱きながら仕事をするのではなく、一生懸命に技術を習得して、この人に機械浴ではなく普通のお風呂に入ってもらいたいという、自分がやりたい介護をすることが、こんなに人を輝かせるんだと思いました。

入浴委員会は全体会議で、エンドウさんは湯船にゆっくり体を浸けて、お風呂で汗を流したなんて何年ぶりかなって喜んでくれました、と涙を流しながら報告しました。それを聞いて、事業部長も集団処遇しか知らないベテランのおばさんたちもぽろぽろ涙を流すという感動の報告会になったんです。だけど、三階までの全フロアのお風呂を個浴用の浴室に増改築するには、一億円かかるというのです。

上野　そう、インフラ整備のためにコストがかかるのは当たり前です。

高口　施設を統括する直属上司の事業部長からは、こう言われました。「家庭復帰訓練室という特別な場所で、入浴委員会という特別なメンバーだけでお風呂に入れたということにすぎません。だから、このレベルでの事業計画で一億円を請求するには説得力が足りません。この入浴方法が多くの入居者に可能でかつ喜ばれ、自立支援となり、全職員にその介助が実施可能で、そしてそれは、この施設サービスの質の向上として社会的に評価されるものだということが証明されなければ実現はできません」と。私は、いける、いける！と思って、「わかりました、任せてください」と言いました。今度は、全職員を対象とした入浴の実技講習会を入浴委員会が中心でやることになったんです。

上野　ほう、入浴委員会の若い子たちがリーダーになったんだ。

高口　ところが、みんなでやろうと提案すると、感動の涙を流してた人たちまでが、えっ、これが通常業務になるの？　冗談じゃないわよ。あんたたちがやればいいじゃないのみたいな、反対の声を上げました。できるわけないという、反対の炎が燃え広がったんです。

上野　端的に言ってテマもヒマもかかるわけだから、普通に考えたら、労働強化だと思いますけど。反対の声が上がるのは当然でしょう。

高口　そうです。ということは、彼女たちは、入浴方法だけではなく、人の手でお風呂に入ることがどれだけ大事なことかという意味や価値を伝えるという新しい課題を得たということになります。このお風呂のいいところは何かと彼女たち入浴委員会に尋ねたら、「体の不自由な人が今までどおりの普通のお風呂に入れることです」と言ったんですよね。これはＱＯＬ（生活の質＝生きていく意味）の本質です。生きていく意味は介護の意味となります。それを誰から教えてもらったのか、って聞いたら、「エンドウさんです」って言いました。

上野　その答えは立派ね。高口さんからじゃなくてエンドウさんから教えてもらったと。

高口　それを反対派に伝えなさいと言ったのね。反対派の人たちも、入浴委員会の職員と同じようにお年寄りと一緒にお風呂に入ればわかるかもしれない、って委員会で合意したんです。

三か月あれば、勤務時間内で全職員が一対一のお風呂を体験することができるとわかりました。問題は個浴設備がないことです。そうすると、水道屋さんの娘さんがうちの店の裏に古い風呂桶《ふろおけ》があるよと言ってくれて、軽トラを借りて持ってきました。ま、彼女のお父さんからご寄附いただいたというか。お金を使ったのは、風呂の栓だけ。

上野　投資はそれだけ（笑）。

高口　大きいお風呂のある広い洗い場に、風呂桶を二つ設置しました。そして、全職員で個浴を体験しようということになりました。

公平さが生む画一的な労働

高口　この個浴体験は、介護主任が勤務として三か月分を組み立てました。介護主任が自分の思い描くケアを確立するために、まず数として職員を整理し、次に職員の能力の組み合わせを考えるというのは、初めての経験だったと思う。これはのちに、職員の特性をとらえてその日の勤務を組んでいくことにつながっていきました。

職員の中には、「混ぜるな危険」という組み合わせがあるんです。仲の悪い職員がペアを組むと、お年寄りも荒れます。

上野　なるほど、そういうのがあるんだ。でも、それって、マネジメントの基本のキじゃありません？　それをやってこなかったというのが信じられない。

数年前に業界に「資生堂ショック」が走りました。資生堂は、美容部員さんが稼ぎ頭。あの大企業も現場の販売員さんひとりひとりの売上げで成り立っています。最初は若い美容部員も、結婚し、出産して、ベテランになっていく。子持ちの社員はアフターファイブと土日は勤務に入れないというので戦力でなくなっていく。ところが、デパートは主として働く女性が顧客ですから、アフターファイブの勝負どきに、戦力になるはずのベテランがシフトに入れないというのが課題でした。それで、ひとりひとりに、この日は出られますかって聞いて回ったところ、週に一日であればアフターファイブも大丈夫ですとか、土日のうちのどちらかは夫に子どもを見てもらって出られますという答えが返ってきたそうです。

何が言いたいかというと、本人に聞くという基本的なことをやってこなかったわけね。そうやって細かい個別対応でシフトを組んだら、戦力がものすごく活性化した。これを

「資生堂ショック」というのだけど、画一的な対応だけして、そんなこともやってこなかったの？ということに、むしろ私はショックを受けました。

高口　なるほどね。よくわかります。みんな同じとか画一性を管理者は求めがちになるけれど、そういうことをしていると、思考停止に陥って、結局、人を育てられないし、働きにくい職場になっていく。職員たちにも、働きやすい職場は自分たちで作るという意識がないと実現しないし、継続しない。

だから、最低限のルール、たとえば、夜勤明けの次の日は必ず休みにする、五日連勤はしない、希望休は二日までとかを明確にする必要がある。そして何よりも家庭があってこそ仕事が成立するんだから、家庭の事情はある程度優先することを共有する。そうなると、一人暮らしの独身者が狙われる。それを繰り返すと、もう私、疲れましたと、辞めてしまうから、それも注意しなきゃという配慮ができる人が、介護リーダーとなります。

上野　そうですね、ひとりものはどうにでもなると思われているからね。そうやって、組織作りをやってきたんですね。

長い間、あらゆる職場が労働者を画一的で均質的なコマとして扱ってきたんだと思います。看護師の離職率が高いのは夜勤があるせい。とりわけ子どもを産むと夜勤ができなくなります。でも海外では、夜勤専門看護師が登場していました。夜勤専門だと昼間自由になるのがありがたいとか、そのほうが給料が高いからいいと言う人もいました。なのに、看護師業界はこれに抵抗していたのよ。なぜかというと、公平じゃないっていう声が圧倒的に大きかった。

高口　介護の現場における公平と画一の違いは何だ？というのは、特に管理職クラスとかまじめな介護職ほど、繰り返し繰り返し、考えていく必要のある課題でしたね。みんな同じ回数、同じ時間、同じ内容というのには、人間性を無視した暴力的な側面があることなんだということをね。

上野　そうなの、そうなの。

高口　真の公平というのは、どんなお年寄りがいつどんなふうに困っていても、必ず応えますよという姿勢を見せて実践することです。入居しているお年寄りすべてを同じ扱いにすることじゃないと理解してもらうのは、結構大変でしたね。

上野　すばらしい。なぜこの人にだけ、えこひいきみたいに手厚いケアをするのが公平かというと、この人がそれを必要としているから、というのが「合理的配慮」の考え方です。合理的配慮とは、障害があることによって生まれる社会的な不平等を解消することをいいます。これは障害者の権利運動から生まれた考えで、その考え方が日本ではやっと障害者権利条約で定着してきました。日本では、二〇一六年施行の障害者差別解消法に組み込まれました。障害はひとりひとり違うのだから、違う対応をして当たり前だと。

最近私に、人材派遣業の企業から研修のお声がかかることがあるのだけど、そこでいつも言うのは、あなたたちの扱っている商品は生ものですから、生ものは生ものらしく扱ってください、扱いを間違えると腐りますからっていうこと。

髙口　なるほどね。お年寄りへのえこひいきは、合理的配慮って考えればいいんですね。介護主任たちは、お年寄りと職員の関係性を考慮して、一か月分の勤務表を作るわけです。勤務表とは、主任が「今月は、こういう一か月にしたい」という明確な目標を持って、それをお年寄りと職員の関係をイメージして目に見える形にしたものということです。たとえば、あなたが二階の主任なら、二階のこの場所で今月のこの時間はこんなふうにお年寄りに過ごしてほしいという、その思いを形にすることだと伝えてきました。最初は「何を言われているのか意味がわかりません」って言っていた人たちでしたが、だんだん「私のこの勤務表は芸術品です」とか言うようになりました。

上野　すごい。ちゃんと人材を育てているのね。入浴委員会の成果は？って聞いたら、職員が変わっただけではなくお年寄りが変わったって、髙口さんが言ったでしょう？　介護の最終的な成果は、利用者の満足で測るのが当たり前です。職員が変化したという答えだけが返ってくるかなと予測していたら、そうじゃなかったから感心しました。

髙口　ありがとうございます。入浴委員会で私は、お風呂をどう介助するかという方法を提示した。で、彼女たちは勉強し、練習した。職員が変わると介護は変わった。介護が変わると、お年寄りが変わったということです。

上野　私はいつもユーザー目線で話を聞くので、入浴委員会で盛り上がるのはいいけど、じゃあ、利用者（つまり私）にどういうメリットがあるの？って考える。よい介護っていうのは、やっぱり利用者にとってのＱＯＬですよ。利用者満足で測るのが基本です。お年寄りが変わって、その変わったお年寄りから職員は学んだと髙口さんが言ったことに、とても感心しました。

高口　職員が変わると、お年寄りが変わる。そのお年寄りから、職員が学ぶ。そのよい循環を守り続けるのが管理職です。よい介護、やりたい介護ができるように場を整えるのが現場の介護リーダーの仕事なんでしょうね。そして、そのために勤務表、面談、研修、会議、申し送り、記録などの業務がある。この職員とお年寄りのためにお金を使う人が理事長（経営者）です。この施設では、お風呂が全部個浴に入れ替わりました。このとき私は、私が提案するよい介護がX施設会で全面的に認められたのだと思いました。

あっというまの介護の崩壊

高口　ただ、ショックだったのは、よい介護を目指してチームケアを実現してきたはずのこの老健の介護が、私が次の新規施設の立ち上げのために異動してから、わずか半年でガラガラと崩れたことです。

悪い施設を変えるには三年から五年かかります。三年から五年かけて、集団処遇から個別ケアに変えていったのに、その施設が崩れるのには半年もかかりませんでした。これは何だったんだ？　高口というキャラの特異性によってできたことなのか？　よい介護はマニュアル化もできなければ、伝承伝播《でんぱ》も難しい。結局、私は、熊本の「シルバー日吉」で、高口だからできることでしょうって言われて、それがイヤで静岡まで来たのに、五年かけてまた同じことやっちまったみたいで、くやしくて残念でした。

上野　たった半年の間に何があったんですか？

高口　私のあとの看介護長のポジションには、外部から呼んできた看護師が着任しました。その看護師が、前任である高口とまったく違う方針を現場に打ち出したんです。介護施設でありながら、治療内容で利用者を分ける機能別看護を徹底していくと言って、三階は認知症、二階は胃ろうや糖尿病のインスリン注射、酸素吸入などの医療依存度の高いお年寄りと分けてしまって、三階は介護職で、認知症のあるお年寄りをそこにとどめておき、二階は看護師で、点滴、点滴、点滴、処置、処置、処置、薬、薬、薬みたいな感じにしたんです。さらに、時間どおり食事・排泄・入浴を回すようにしてもらいたいとか、管理的な要求がぱんぱんぱんと出てきた。

それに耐えかねた介護職たちが私の異動先に来て、新しい看介護長からいろんなことを言われるけど言い返せないと言って、ぼろぼろぼろぼろ泣くんです。私には、新しいお母さんが来たけどなじめなくて苦しいという訴えに聞こえてしまいました。で、家を出たお母さんとしては、いや、その新しいお母さんなりの考えがあって言っていることだから、そのお母さんとお話をしなさい、もう二度と私のところに来ちゃ駄目みたいな態度を取ったんですよ。

今思うと、ばかなことをしたなと思う。ちゃんと彼女たちに、自分たちが今までしてきた介護を信じて言葉にしなさい、それがお年寄りのためにつながるからと教えればよかったんです。でも、当時は異動した管理者の仁義だと思って、私に泣いてすがってきた子たちを追い返しました。その結果、何人か辞めていき、その施設のケアはガラガラと崩れていった。その看護師は、上層部ともトラブルを起こして、結局また病院へ異動になりました。新しい施設長や看介護長が来て、普通の施設に戻るのに一〇年ぐらいかかりましたね。

上野　たった一人の異動で、そのぐらい変わってしまうんですね。その施設は髙口さんのおかげでいったんマイナスからプラスになって、次にど〜んとマイナスまで落ち込んで、やっと回復して普通のレベルに戻ったたってことですね。

介護と看護の対立はなぜ起こるのか

上野　その施設、そもそも髙口さんが育てた人材から生え抜きで管理職を出せなかったのですか？

髙口　私が看介護長のときに一緒に一生懸命頑張った職員たちは、新しい看介護長の看護師と衝突しました。集団処遇、個別ケア、機能別看護が混在し、整理されないまま何人か辞めたり異動もあったのですが、一人残った介護職員がいました。彼女が「私は、あれだけ髙口さんと一緒に仕事をしていながら、『責任取れるの？　時間どおり終わらないわよ』とか、『集団処遇の何が悪いっていうの？　個別ケアなんかやっていたら、人がどんどん足りなくなる。その間にみんな、死んじゃうのよ』って言われたときに何も言い返せなかった」って言うんです。「たしかに納得できない方針を打ち出したのは看介護長かもしれないけど、もっと駄目なのは、そのときに、個別ケアは大事ですと言い切れなかった自分だ」と言うんです。

上野　あなたに訴えた職員はものすごく良心的で自制心の強い人だと思うけど、その人が、看介護長と並ぶようなポジションだったらどうなっています？　これって、組織の中の指揮命令系統だけじゃなくて、看護と介護のヒエラルキーが関係しているんじゃないかと思う。

髙口　ありますね、それは。

上野　介護職はそういうときに、看護師に対抗できないものなの？

髙口　「根拠を言いなさい」とか、「責任取れるの？」と迫られると、介護職は言葉につまってしまうんですね。

上野　どうしてそこで、「私たちにはこれまでの実績があります」って言えないんだろう？「これまで私たちのやってきたことを、あなたは知らないでしょう」って言えばいいじゃないですか。

私は今の話を聞いていて、たんなる組織の上下関係だけじゃなくて、専門職のヒエラルキーを感じました。医療、看護、介護というヒエラルキーの中での看護師の位置取りは、介護現場では大問題。このヒエラルキーの中で、ちゃんと連携が作れるか作れないかが大きなポイントになります。在宅だって、介護職がいなければ成立しないのに、医療の声ばかりが大きい。介護がなければ、在宅医療にだって訪問看護にだって、在宅のお年寄りの暮らしは支えられませんよ。なんで看護師はあんなにいばるんだろう？

高口　そうなんですよね。私は在宅のことはあまりわからないんだけど、施設の日常の中で、看護師に強さで迫られると、介護職は萎縮しちゃうんですよね。

上野　ちょっと食い下がっていい？　それって、組織内の上下関係の問題なのか、それとも専門性のヒエラルキーなのか、考えてみてくれませんか？　たとえば介護職に、向こうは医学教育を受けている、だから、自分たちは専門性において劣っているという意識があったとする。でもこれがリハビリ職と看護師だったら、リハビリ職は対抗するでしょう。同じように、介護職と看護師は職分として対等だっていう意識をなぜ介護職は持てないのかしら？　介護職にはもっと頑張って、医療に対抗してほしいと私は常々思っています。

高口　う〜ん、それは、病院での序列がそのまま生活支援の場に持ち込まれているからでしょう。病院では、医師の下に看護師があって、その看護の下に看護助手（補助看）があるという構図があります。この看護助手を介護職と同じととらえている古い看護師の視線があるんです。しかし、病院という生命を守ることが最優先の序列と、介護施設という生活を利用者とともに作るというチームのあり方とは種類が違います。その認識が、病院から来た看護師にはないんです。彼女たちは病院で刷り込まれたことをなかなか変えられない。看護助手と介護職の違いも理解できない誤った固定観念を、介護施設にそのまま持ち込んでいるからだと思う。

生活支援の場の専門性とは何か

上野　さっきの看介護長の「責任取れるの？」は、陳腐な決まり文句なのよ。その人の特別なキャラとかじゃなくて、いかにも看護師が言いそうなことばっかり。それに対して、どうして介護職は専門性と自信の裏づけを持てないの？というのが私の疑問です。「私のほうが利用者さんをよく知っています」って、なんで言えないのかしら？

高口　うーん。そういう意味での覚悟が、介護のほうにまだ足りないのかもしれない。

上野　覚悟？　精神論で言わないでよ。覚悟といったら、覚悟のある・なしでキャラの問題になるよね。そうじゃなくて、私には介護の専門性があって、あなたにはこれはできませんというふうなことが、どうして看護師に対して言えないのか？

高口　あなたにはできないけど私にはできる。それが専門性だとすると、介護はそうじゃないと私は思います。あなたにもできる、私にもできるのが介護。誰でもできることをちゃんとやるところが、介護の専門性のベースにある。

上野　ちょっと待って。介護は、誰にでもできるっていうの？

高口　誰にでもできるっていう意味は、たとえば歌って誰でも歌えますよね。でも、プロとして認められると歌手と言われて、歌でお金がもらえる職業になりますよね。それは誰でも歌える歌でお金を得るのですから、普通以上のレベルで歌わないと、支払いに値しないことになります。それに近い感じかな。介護は、誰にでもできる。でも、それを仕事にした途端に介護はプロフェッショナル性を要求される。よって、一般の人ができる介護以上の介護をしてみせて、やり続けないと瞬く間に存在価値がなくなる厳しさがある。それに引き換え看護は法律で規定された者のみしか実施できない医療行為ができるから、医療行為が立場上できない職種をつい見下して、私はえらいんだと勘違いしやすい。

上野　だったら、「家族よりも医療職よりも、介護職の私が一番よく利用者さんを知っています」って一言が言えるじゃないの。今の言い方をそのままもらえば、さっきの看介護長に、「お言葉ですが、ここは医療の場ではなくて、生活をする場です。あなたのお考えは通用しません」みたいに言えばよかったんじゃないの？

高口　ですよね。職員は言い切れませんでした。

上野　でしょ？　そういう職員を育てられなかったの？

高口　私は、介護職に答えを与えることばかりをしていて、何のための介護か、何のために介護をしているのか、という問いを職員にしていなかったのだと思います。

現場では、医療モデルは、医師、看護師、PT、OT、ST（言語聴覚士）とか管理栄養士で、生活モデルは、介護福祉士、社会福祉士とか調理師とか相談員とか、というわけですよ。でも、それは違う。医療モデル・生活モデルというのは、職能や職種を分類する指標ではない。目の前のお年寄りに今必要な専門性のあり方を示したものだと当時は伝え切れていませんでした。

上野　老化や障害について、医療モデルから生活モデルへという大きなパラダイムシフトが起きました。それにはちゃんとした理論的な背景があります。それは、ケアについての見方とか姿勢の根本的な転換でした。それをちゃんと伝えて、これは技術論じゃない、理念なんだということを、やっぱり言えなきゃ駄目なんじゃないの？

高口　たぶん私、職員たちに向かって「笑顔が大事」とか、「寝たきりにしないなんて当たり前」とか、「お年寄りが喜ぶことなら何でもやるんだよ」というようなことばかり言ってたんだろうな。

この施設からつきつけられた現実を見て、きちんとした理論の下に自分の言葉で介護を発言できる介護職員を育てなきゃ駄目だと痛感しました。それが、今の私が介護現場に向けてやっている連続セミナー「元気が出る介護塾」などにつながっていると思います。

上野　そのとおりね。でも、現場を回してる間は、そんなことをやってる余裕はなかなかなかったでしょう。

高口　だけど、日常業務をともにしている人たちにこそ、日常とは異なる時間と場所で、「誰のために何のための仕事を私たちはしているの？」という問いを発することが必要だったんですよね。私は、業務の中や会議で、その答えを示していたつもりなんだけど、職員ひとりひとりに問うていなかったんだとわかった。ＫＪ法の説明を上野さんがするときに、「本人が気づかなきゃ何にもならないのよ」と言ってたけど、そのとおりだと思う。

介護職たちが自ら考えて、自ら答えるみたいな……何て言うんでしょう、こういうの。

上野　斎藤学《さとる》さんという精神科医が、プロというのは、適切な問いを発することができる人のことです、と言っています。正しい答えを出す人じゃなくて、適切なときに適切な問いを発することができる人をプロというのだと。

高口　そうか。優れた管理職は、適切なときにチームや部下に対して適切な問いを立てられるものであるということか。

私は、ここで組織図を作り、職能としての役割も明確にしてきたし、知識と技術も提供し、研修体制も確立し、時に感動さえ体験してチームができ上がったつもりだった。だけど、それが別の上司が来ただけで脆《もろ》くも崩壊したっていうことは、部下に対して、自分のしていることを自らに問える力が大事だということを示してなかったということなんですね。

上野　あなたは管理者として問いかける側にいるからそれでいいんだけど、介護職たちがその看介護長に問いかけられたときに、それを押し返せる力が必要なのよ。私はずっと学問をやってきたから思うけど、理論をばかにしちゃいけない。理論というのはぶれない力のことです。

私は、三好春樹さんの生活リハビリって何？って、ずっと不思議だったけど、あなたの今の話を聞いてすごく納得した。生活リハビリというのは、生活モデルという理論に裏打ちされた実践なんだね。だから、三好さんはぶれないわけ。つまり、ここ（高齢者施設）は医療の場じゃありませんよ、生活の場です、ということ。医療保険から介護保険を切り離したときに、ここはお年寄りの生活の場ですと、理念が変わったんです。

さっき、「生活リハビリを体現します」って代表のYさんが宣言したって言ったよね。その生活リハビリというのはたんに彼の覚悟じゃなくて、そのときの彼の経営方針と合致していたということなんでしょう。

在宅医療のシンポジウムなどに出てくる発言者は、医師と訪問看護師と利用者家族だけ。「なぜ、介護職を呼ばないんですか、それで多職種連携と言えますか、介護職がいなくてどうやって在宅をサポートするんですか」って、私は彼らに言っています。あなたたちがどんなに志が高くても、利用者が家にいてもらわないと、在宅というマーケットそのものが成立しないでしょうって。そこまで言わないと気がつかない。だから、介護職が暮らしの基本を支えてくれていないと、自分たちは手も足も出せないということが医療職にはまだわかっていないのかと思うとほんとに腹立たしいのね。そこまで言ってやっと、「気がつきませんでした」なんて平気で言うのよ。

髙口　そうですね。在宅医療のシンポジウムは医療系でやっているから関係ないみたいな感覚が介護の側にもたしかにある。逆に昔は、介護系の勉強会に呼ばれる医師は、かなりの変わり者でいわば医療の王道からは外れた人みたいな感じはありましたよね。

介護現場での看護師と介護職の対立みたいなことは、施設の現場でもいまだにあります。たとえば介護職が、「私たちは夜勤もしています。このお年寄りの気持ちや体のことも含めて、知っているのは私たちです。お年寄りを薬などで操作するのは、お年寄りの心と身体にとって不利益だと思います」と看護師に向かって言ったとします。看護師は、「じゃあ介護職だけでやれば。私、辞めるわよ。いいの?」って言うでしょうね。

上野　「いいです。辞めてください」って答えなさいよ。「あまり介入しないで、あまり働かない看護師さんを送ってください」と経営者に言えばいいじゃない（笑）。

髙口　看護師は、看護師と介護職が対等なわけ?とか、看護師のほうが下なわけ?とかそういうことを言い出すわけです。介護職に使われるつもりはありませんからとか。

上野　それが、私の言うヒエラルキーですよ。看護と介護の間には、いつも、それが出てきます。

高口　上下関係ばかりにこだわる自信のない看護師は、介護職からそういう言われ方をしたくありませんから、みたいな感じで、使いもしない聴診器を首から下げて、薬ばっかりちぎっているんですよね。

上野　看護師はそうやってヒエラルキーの上で介護職を見下すわけね。一方で、医者にはへりくだる。それは医療モデルを持ち込んでいるからですよ。

全職員が介護職に

高口　私は、この看護師にボロボロにされた老健Aのあとに、新しい老健施設Bに立ち上げから関わるんだけど、こう宣言しました。「ここでは、施設長以下、全員、介護職です」。施設長から事務方から、全員が介護に関わる。食事・排泄・入浴を含めて、お年寄りの生活に全職員で関わっていくという体制を作りました。

これからは多職種連携が求められるけど、何のための連携かというと、利用者の生活を支えるための連携ですから。「利用者の生活を知らない職員はここには必要ありません。それが、全員介護職ということです」と言いました。

上野　すばらしいです。そのとおりです。私がこれまで見てきた施設のケアで一番クオリティが高いと思ったのが草創期の秋田の「ケアタウンたかのす」。当時の看護部長の成田康子さんが「全員介護」を謳って、事務員も厨房《ちゆうぼう》職員も必要なら介護に手を出すとした。そして介護職にも看護の研修をしました。誰がどこにいてもその場で必要なケアができるように、と。残念ながら、今は見る影もありませんが。

高口　入職後の研修で、医療モデル・生活モデルの説明をして、医療モデルの序列を生活モデルにあてはめるのは、もう本当にみっともないんだよと言ってます。

上野　あ、みっともないって言わないで。利用者のためにならないって言ってね。

高口　はい。医療モデルというのは、医師の指示において、医療に対する基本的信頼をベースにして、主体性を医療従事者に委託する、つまりお任せする。その委託された医療従事者側がサービスを選んでいくところに価値がある、そういう専門性のあり方です。だから手術するとか、服薬するとか、訓練するとか、処置するというのを、医療従事者側が選んでいくところに専門性のあり方がある。これを医療では適応判定と言います。

でも、生活支援の場には適応判定なんかいらないわけですよ。その人が営んできたやり方がその人の生活であって、いいとか悪いとかを外側が決めたり言ったりすることじゃないからです。だから、医療モデルの選んでいく専門性じゃなくて、生活モデルで求められるのは、私たちサービス提供者が、サービス利用者から選ばれていく専門性です。それがわかる看護師は、あ、ここではいばっちゃいけないのね、ということをちゃんと理解できる。

ただ、病院で一流の看護師は、生活支援の場に来ても求められる専門性のあり方の違いを理解しているから、一流なんですよね。病院でへぼだった人は、生活支援の場に来てもへぼですね。

上野　それは、医者も同じね。

高口　今この環境の中で存在するこの人にとって、臓器に注目すべきなのか、その人の生活信条に寄り添うべきなのか。仕事のあり方をちゃんととらえられる人ですよね。

上野　看護師がいつまで経っても介護職と対立するってことの基本には、看護師のアイデンティティが非常に不安定だということがあると思う。医者に頭を押さえられていて、その鬱憤もたまっている。だから、介護職には、医療職にちゃんと対抗してもらいたいと、常日頃、強く思っております、私は。

高口　介護職がいるからお手洗いにちゃんと行けるとか、介護職がいるから人の手で気持ちよくお風呂に入っているとか、介護職がいるから認知症のお年寄りが落ち着いているとか、介護職がいるから穏やかに最期まで過ごせたとかいうことですね。それをちゃんと実績として見せて、なおかつそれを介護職の軸、そして言葉にしていきたいと思いますね。

介護職の発信力

上野　そうなのよ。介護職はそういうことを発信すべきだと思います。在宅系の医療職にはたくさん発信している人たちがいます。訪問看護師の秋山正子さんとか、訪問医療の佐々木淳さんとか。各地に在宅医療のカリスマ医師もいる。なのに、介護職には発信力がない。私は、介護職にちゃんと情報発信者となってほしいと思っています。介護事業者はそれなりに発信力があるけど、一番利用者のそばにいるプロの介護職の発信力が弱すぎる。その人たちにちゃんと発信してほしいというのが、この本を作る動機の一つですから。

高口　一方で、介護職が言っても誰も聞いてくれないという状況もあるかな。最期は医療ではなく介護だという石飛幸三先生の『「平穏死」のすすめ─口から食べられなくなったらどうしますか』（講談社文庫、二〇一三年）がベストセラーになったけど、「介護職たちも石飛先生と同じことを経験し、以前から発言していたけれど、ほとんど注目されることはなかった。しかし、同じことでも医師が発言したから世間は聞く耳を持ち、『平穏死』が流行語になったんだよ」と言われたことがあります。ずっと前から介護現場では、医療の介入しない平穏な看取《みと》りの事例はたくさんありました。石飛先生と一緒にセミナーで登壇したときは、やっと医療が介護に追いついたと感じました。でも、医師が発言したからこそ、無闇に医療の介入しない看取りが世間でも徐々に認められていって、老衰で死ぬことが受け入れられてきたと思います。

上野　医療、看護、介護のヒエラルキーが厳然とあって、しかも、どんどんそのヒエラルキーが細分化していると私は感じています。利用者目線で考えると、細分化したヒエラルキーによるチームの多職種連携よりも、フラットな多職種連携のほうが絶対に私にとってよい介護をしてもらえるという思いがある。

よいケアかどうかの最終判定者は、専門職じゃなくて当事者（利用者）だと私は思っていますから、ヒエラルキーが細分化していけばしていくほど、イヤな感じがします。

高口　今回ね、上野さんと話をして気づいたことがある。自分のしてきたことにそれなりの自信があったけど、ガラガラって崩れた最初の施設を見たときに、私はマネジメントとか仕組みとか組織作りの甘さだと思っていました。でも、そこで何のための介護かという問いを持つとか、介護職とは何かとか、介護職だからこそできることとは何かとか、それを明らかにして、ひとりひとりの介護職の本当の意味での誇りとか自信とかにしていくということが、決定的に欠けていたというのがよくわかりましたね。

経験者より新卒

高口　老健Bはまったく新しい施設でゼロからのスタートでした。だからこそ、私がこうあったらいいと思っていたものを全部入れ込みました。その新しい老健は入居者一〇〇名の全室個室のユニット型といわれる施設で、一つのユニットには利用者が一〇人です。介護保険では夜勤者は二つのユニットを一人で見なくてはならない。つまり、お年寄り二〇人を一人の介護職が見るということです。ユニットごとに完全に独立している建物だと、介護職は二つのユニットを行ったり来たりしなければならないんです。そんなことをやっていると夜勤者は潰れちゃう。そこで私は、二〇人一単位として、一〇人のユニットが二つ並んだ真ん中に夜勤者がいることで、全体が見られるというように設計を工夫しました。

私は設計の段階から関わり、職員採用の面接から自分がしたい介護を伝えました。介護職の配置基準は現在三対一ですが、入居施設は二四時間三六五日の営業で、そこに職員の週休二日、年間有給休暇五日取得などを組み込んで勤務表を作ります。実際には以上の法的条件をクリアした勤務表を三対一で作るのは無理です。ですから、二対一ぐらいの人数で雇用します。それでも現場実務としては、足りないんですけどね。

そして、多職種連携という名の下に、さまざまな職種がそのフロアを中心に一緒に働く勤務体制と研修体制を作りました。老健Bでの仕事は、今まで思い描くだけで手に入らなかったケアが実現できたという感じで、すごくやりがいがありました。

上野　やりたい介護をやるために、ほかの職種を経験してきたけど介護は初めての人や、新卒を優先的に採ったと言っていましたよね。

高口　はい。職員の半分以上は、学卒・新卒でした。高校卒業してすぐの子たちだから、まず日本語が通じない。宇宙人並みですからね（笑）。歳《とし》が若い分、未熟ではあるけれども、よその施設で働いて集団処遇で働くことが染みついている人よりはずっとマシなんです。つまり、マイナスから教育するよりはゼロからやるほうが確実だという考えはあった。

上野　その採用人事の方針に感心しました。ほかの施設のやり方が染みついている人たちは、まず脱洗脳からしなきゃいけないものね。

高口　学校を卒業したばっかりで、いわゆる常識もなければ、日本語も通じない。先輩から「今度来る人アルツハイマーだってよ」と聞いて、実際、そのアルツハイマーのおじいさんが来ると「よかった」とか言うんです。「なんで？」と尋ねたら「日本人だった」って（笑）。万事がそんな感じ。だから、私は彼女たちに「お年寄りが来たらね、とにかくお水を飲ませてあげてください。とにかくご飯を食べさせてあげてくださいね。あとはうんこやおしっこが出ているかどうかを見てあげてください。今はそれ以上を君たちには望まない」と言いました。
そうすると、「水ぅ？」とか言うんですよ。「地球人は水で生きているんだよ」と言ったら、「えー？　水で？」って。「あなたたち、脱水って知らないの？」と聞いたら、「見たことある」とか言うんですよね。「どこで見たことあるの？」と聞いたら、「おうち」って。「おうちのどこに脱水があるの？」って聞いたら、「洗濯機」（笑）。

上野　その子たち、介護の専門学校を卒業しているんでしょう？

髙口　出ている子もいるし、出ていない子もいる。何て言うのかな、競争についていけなかった子たちが多いんです。たとえば、介護で重要なのは、人の痛みを自分の痛みのように感じることができるという感性なんです。お尻にできた床ずれを見て、看護師は三センチ×五センチなどと数字で表現するけど、介護職は「痛そう」じゃなくて「痛い」とか言うわけ。自分のお尻でもないのに「痛い」って言うんです。これは優れた介護職の資質です。でも今の世の中で、人の痛みを自分の痛みのように感じることは、生きにくさになってしまう。

上野　なるほどね。私が東大で相手にしてきた若者はその逆で、お勉強はよくできる優等生といわれる子たち。何でもできるんだけど、何がやりたいのかがわからないというような子たちでした。

「縛ってください」と言う家族

上野　その宇宙人を育てて、自分が思ったとおりの介護ができたの？

高口　とにかく、望まれたニーズには応える。選ばない、断らない、見届けるというのが老健Bのテーマでした。具体的に言うと、どんな重度の人でも寝たきりにしない、それまでの生活習慣を大事にする、持てる力を活《い》かす、そして身体拘束はしないということでした。

こういう方針を明確に出したんですが、やっぱりつきつけられるわけですよ。「身体拘束しなかったら立ち上がりますよ、歩き出しますよ、転びますよ」って。「痛い思いするのはお年寄りですよ、それでいいんですか、高口さん」と。「高口さんはお年寄りのことばっかり考えているけど、職員はどうなるんですか」とか。

上野　介護職があなたにそう言うの？

髙口　そう言ってくるのは、ほかの介護施設を経験してきた職員たちですね。開設一年目のとき、そういうことがどんどん出てきたんですよね。

上野　なるほど。どれも言いそうなことばかりね。

髙口　鼻に入れているチューブを取ってしまうムラカミさんというおじいさんが、ミトンをつけて入居してきました。ミトンっていうのは大きな手袋のことで、認知症のある人が点滴や胃ろうのチューブを抜いたり、自分でおむつを取ったり便をさわったりしないように、両手につけて行動を抑制するためのものです。この方が入居してきたとき、職員が家族に「ミトンは外しますね。うちは介護施設だから身体拘束できないんです。チューブも外してできるだけ口から食べましょう」と言って、ミトンを外したんです。そうしたら、ムラカミさんの妻が怒鳴り込んできました。ムラカミさんは病院に運ばれるたびに医師から、このままだったら餓死しますよって言われて、妻は「ごめんなさい、ごめんなさい」って言いながらチューブを入れたって言うんですね。悩んで悩んで入れたチューブなのに、この老健に来た途端に「外しますから」と言われて「あんたたちは何がしたいんや！」ってものすごく怒って来られたのです。

施設がスタートするとき、私は研修で、この施設ではチューブではなくて口から食べることと身体拘束は一切しないことを話して、口から食べることがどれだけ大事なことであるかとか、身体拘束がどれだけお年寄りにとってマイナスになるかということを職員に説明したつもりでした。でも職員は「うちは身体拘束できない」「うちはチューブじゃなくて口から食べるから」と結論だけをぽんと家族に押しつけるように言ったわけなんです。ムラカミさんの妻は「行った先々で翻弄されるのはもう嫌だ」と言って、お願いだから縛ってくれと頭を下げるわけです。

私は「職員の言い方が失礼だったかもしれないけれど、うちは身体拘束はしません。身体拘束をしたらもう介護じゃなくなるからです」と言って、頭を下げました。妻は最後には「もうええ、あんたには頼まん」と言って、職員ひとりひとりに「縛ってちょうだい、ミトンをつけてちょうだい」って頭下げるんです。

すると職員から、「家族が縛ってくれって言っているんですよ。縛らなくていいんですか」「家族が縛ってくれと言うのを縛らないで事故があったら、訴えられますよ。職員は辞めますよ」という意見が出てきました。追いつめられた私は一瞬、たかがミトンじゃないかって思ったんです。「一度ミトンをつけて、徐々に外していってもいいんじゃないか」と黒い光子さんが言う。白い光子さんは、「一回でも身体拘束したらもう駄目だよ。それはもう介護じゃないし、それはあんたのやりたい介護に反する。ここが踏ん張りどころだよ」と言う。

とうとう私はぶれて「みんなで話し合って決めて」って言ってしまったんです。ずるいですよね。

職員は話し合って、職員がムラカミさんの部屋にいられるときはミトンを外す。だけど、職員がついていられないときにはミトンをつけるという結論を私のもとへ持ってきました。私はそれを聞いて「もうちょっとちゃんと考えなさい」と言って返しました。その日の日誌に、新人たちが「みんなで話し合って、ムラカミさんのケア対応を考えたのに、高口さんが言うこと聞かないから、もう一度みんなで話し合うことになりました」と書いていました（笑）。

そうしたら、一緒に老健Bを立ち上げた栄養士が私のところに来て、「今、ムラカミさんのところで初めてミトンを見た」と言ってきました。とうとう家族がミトンをつけたんですね。「気持ち悪いね、あれ。私、生まれて初めてミトンをつけた人を見た、もうイヤだ」と言って泣いたんですよ。やりたい介護ができる施設を造ろうって一緒に立ち上げた仲間が目の前で泣いている、この状況は何なんだろうって思った。

上野　施設でもそんな簡単にミトンや拘束ってやるんだ。

高口　私は、緊急会議を招集して「私はやっぱり縛りたくない。この施設は縛りません」と言いました。会議は真っ二つに分かれます。一つは、縛るしかないんじゃないかという意見です。縛らないと、チューブを抜いて介護はもっと大変になる。「人が辞める→大きい事故が起きる→訴えられる」といった主張をしてきます。一方、「でも、縛りたくないです」って小さな声で言う人たちもいる。「だって、イヤじゃないですか、笑わなくなっちゃうじゃないですか」とおそるおそる言うわけですよ。

このときに、小さい声でおそるおそる言っているのは「理想」なんですよね。理想というのは、何と小さく弱々しいのかと。事故が起きるよというのは、「現実」なんです。現実というのは声が大きくて、迫力があって、強い。

だけど、職員の意見がこんなふうにしっかりぶつかれるのは、方針がしっかり出ているからなんです。現実と理想が職員の口から出てきて、対立という形で明らかになって話し合いが始まる。トップが方針を示さなければ対立も生まれないので、意見も出ないし話し合いにもならない。トップの方針がいいかげんだと話し合いも成立しないんだということが、このときにわかりましたね。トップが方針を言い切って、対立を生むということは大事なんだというのを教わりました。

「だって、縛ったらムラカミさんかわいそうじゃない」って小さい声で言っていた職員が、「事故が起きたらどうする！」とがんがん言っている人たちに、「じゃ、先輩たちは縛りたいんですか？」って尋ねたんです。そうしたら、「縛らずに済むなら縛りたくないわよ、だけどね」って、また人数が少ないとか事故とか同じことを繰り返す。そうしたら、その子が「何だ、みんな同じじゃん」って言ったんです。

上野　感動的な場面ね。シンプルな直球が効いたんだ。で、話し合いはどうやって収束したんですか？

厨房も事務職も夜勤に

高口　ムラカミさんに必ず職員が一人つくことにしました。妻には「みんなで話し合って、予定表を作って、看護も介護もリハビリもソーシャルワーカーも事務職も厨房もみんなで、時間を区切ってつくようにしました」と話しました。そうすると「そこまで考えてくれたんだったら、昼間はできるだけ自分がつくから」と妻が言ってくれたんです。

全員で対応するといっても、賄い切れない時間帯は出てきます。そこで、一六時間の夜勤を終えて帰った夜勤明けの二人が、八時間以上家で休養を取ったあと、夜の八時間八時間つけばそれで一晩はムラカミさんに一人つくことができるので、昼間の勤務に支障は出ません。つまり、一晩中、ムラカミさんにだけつく職員を勤務として作りました。夜が明けると、朝、妻であるおばあちゃんが「みんなありがとうね」と言って来るわけです。夜が明けて訪ねてくる人がいるというのはこんなにうれしいのかということを、介護職でない今まで夜勤をしたことがない職種の人が知るわけです。

上野　でも、それって、職員にとっては労働強化じゃないの？

高口　それはありました。職員の中から、いつまで続けるんですかとか言う人も出てきます。いつまで続けるかというのは、いつ死ぬのかというのと同じような質問だから、期限を区切る介護はないと話すと、当然、その間の残業代を保証してくれるんですかとなります。それに応えるのが管理者です。たとえば、九五パーセントがルーチンの通常業務だったとして、ほんの五パーセント、今回のムラカミさんのような特異な対応がある。だから、安定した通常業務を保証してなお、この人に特別手厚い関わりが必要というニーズが出てきたときにもちゃんと対応できる体制を考えて保証するのが管理側の仕事だと思う。

上野　シフト増やして、労働時間増やして、その分ちゃんと超勤手当が出るわけ？

高口　出る。

上野　ということは、原資がないとできない。

高口　そうです。

上野　それも、現場をぎりぎりの人数で回していたら無理ですね。

高口　介護職以外で夜に勤務してもいいですよという相談員や厨房のおばちゃんがいたからこそできたというのが一つありますね。これは三対一の職員配置だけだったらできない。

上野　そうですよね。

高口　厚生労働省だってそれはわかっていて、三対一基準ではあるけれども、二対一でも赤字にならないように介護報酬は設計されていると思います。だから、二対一まで組めるんですよ。だけど、二対一でも私は足りないと思う。いわゆる食事・排泄・入浴を中心とした通常業務だけならば、二対一でぎりぎり対応できるでしょう。しかし、食べたいときに食べるとか、外出したいときに外出するとかという、認知症のお年寄りをはじめとしたその人ならではの生活を守り切るということになれば、一対一だと思います。

上野　厨房職員とか、事務職とか、夜勤シフトに入ってかまわないという人たちに頼んだんですね？

高口　もちろんそうです。

上野　その分ちゃんと夜勤手当ももらえて、ありがたいみたいな人たちもいたということね。ちゃんと個別にヒアリングして。

高口　そうです。リーダー会議で、「今、三階がここまで頑張っているけど、これ以上はとても続けられない。ぜひみなさんにも応援してほしい。時間帯としてはここといここで」とか、具体的に示す。時間と具体的な業務の内容と、時給を示しました。

上野　実行可能なシナリオをちゃんと書いたということですね。結果的にはどのぐらい続いたんですか。

高口　三か月以上は続いたと思います。私がムラカミさんから学んだことは、①職員の配置、②仕事の組み立て、③意図や目的を伝える研修体制、この三つがあれば、ルーチンの通常業務としての個別ケアの安定性も確保できる上に、その人ならではのさらに集中した個別ケアもできるということです。ミトンのおじいさんを介護したような瞬発力を発揮できるところまではいけるということですね。

施設経営の落とし穴

上野　で、老健Bの次は老健Cへ行ったわけですね。ここも新設でしたね。

高口　はい。老健Cでは、各階に厨房を造りました。老健Bのお年寄りは、おむつはつけないでひとりひとりの時間でトイレに行く。ひとりひとり個浴のお風呂に入る。だけど、食事だけは厨房から配膳車が来て、ユニットごとで一斉に食べていました。そこで、各階に厨房を造って、栄養士の職員とお年寄りが好きなときに好きな物を好きなように作って食べればいいと考えたんです。

上野　「髙口さん、でも、それ、生産性が下がります」って言われるでしょう（笑）。

髙口　そう。経営側からはすごく反対されたんだけど、職員はとてもやりたがっていました。

上野　インフラだけじゃなくて、人件費もかかるでしょう。ランニングコストもかかる。

髙口　栄養士の数を増やさなきゃいけない。だけど、その費用対効果ですよね。好きなときに好きな物を作って食べることに対する、お年寄りの満足度、職員のやりがい、そして、稼働率の向上と職員の定着率安定。おかげで、ここはどこよりも黒字を出しましたからね。

初年度というのは、施設はだいたい赤字になるんですよ。だけど、初年度から黒字を出すというのが、私のこだわりだった。

上野　どうしたらそれが可能でしたか？

髙口　うーん。じゃあ、なんで新規施設が初年度に赤字になるのかというと、施設をオープンしたときは、利用者はゼロですけど、職員は法定数が必要だからです。法定数というのは、法律で決められた職員配置基準の人数です。法定数ぎりぎりでスタートし、職員の二次募集のポイントをいつにするかなんですよね。つまり、利用者が増えてきたタイミングで、いかに雇うかということです。これが腕の見せどころでしたね。

上野　二次募集はいつごろかけたんですか？

高口　私は半年かけて満床にするという計画でしたので、ちょうど三か月ぐらいで半分、一〇〇床だったら五〇床ぐらい入ってくるタイミングです。職員は、看護・介護が三四人ぐらいでスタートして、それでほかの相談員・栄養・リハビリなどの職種が入ってきて五〇床までは持ちこたえられるけど、これを超えたら、再募集をかけて三対一を二対一に変えるという手順で進めました。

上野　待機高齢者がいるのだから、開設時に募集をかけて、どうして満床にしないのですか？

高口　今、X施設会は二日で一〇〇床満床にするのが命令です。

上野　でしょ？　その気になれば満床にできるでしょ？

高口　その気になればできますよ。できるけれども、お年寄りが初日に五〇人、そして二日目に五〇人、合計で一〇〇人というのは、そこにいる職員は、お年寄りの名前から始まって、もう覚えることばっかり。関係性がまったくできていないお年寄り五〇人が束でやって来るんだから、現場は大混乱です。

上野　でも、大概の施設はそうしているでしょう。

髙口　そう。やっているんですよね。腕がいい管理者は、一週間以内に満床にするといわれている。しかし、その施設の現場に行くと、職員同士も顔と名前がわからない。そこに、さらにお年寄りがやって来る。備品などもどこにあるのかよくわかっていない。当然、チームのルールもできていない。申し送りも確立していない中で、事故が繰り返される。次第に、ご家族からのクレームもより強くなります。そして、内部から崩れて、職員の大量退職が始まります。

そういうケースをさんざん見てきたので、自分は絶対それはしないと肝に銘じていました。三か月で五〇人まで来て、そこから二次募集をかけて、半年ぐらいで七〇パーセントから八〇パーセント、それで一年ぐらいでショートステイを含めて一〇〇パーセントにするんです。

赤字の原因

上野　ちょっと待って。一週間で満床にできる状態なのに、なんでほとんどの施設が一年目に赤字になるの？　わからない。

髙口　すぐに満床にするところは、最初に大量に職員を雇うんですよ。でも、まだリーダーがいないから、トラブルが多い。派閥ができたり、セクハラ、パワハラ、モラハラもある。あげくに集団で職員が辞めていくから、ハローワークの募集では追いつかず、派遣職員を入れて補填する。派遣職員には二倍の給料を払わないといけないんですよ。つまり、派遣職員を二〇人雇っていたら、四〇人分の給料が必要だということです。だから、派遣職員が多いイコール赤字ということなんです。

上野　そういう理由なんだ。赤字なのは満床にできないからっていう理由じゃないのね。ということは、経営者があなたに出した、一年以内に黒字にしろという条件は、つまり、開設時に職員数や募集人数をコントロールする裁量権をあなたに認めるという意味だったのか。

私はどこの施設も初年度赤字というから、満床になるのに時間がかかるからなのかと思っていました。でも、待機高齢者がこんなにいるのに、それはありえないだろうと思って不思議でしようがなかったんだけど、今、やっと謎が解けました。

高口　最初に大量に雇い入れると、こんな弊害もあります。お年寄りへの観察力もないし、チーム連携も弱いので、お年寄りの具合がちょっと悪くなるとすぐ病院に入れてしまう。そして、病院でよりそのお年寄りが重度化して戻ってくる。そうなると職員がそんな大変な人は受けられませんと断ってしまうこともあります。

私は、赤字の施設を改善するときには、まず派遣をやめてくださいというのが一点、それから早期発見・早期対応なんて言いながらじゃんじゃん病院に運ぶのもやめてくださいと伝えます。どんな状態になったとしても、ここで最期まで見届けてほしいという、本人・家族と施設、介護職員との信頼関係を作ってくださいと言います。

上野　入院すると医療保険に移行するから、その間は、介護報酬は入らないですね。

高口　老健の入居者は、二つの保険を適用することができないので、入院した途端に退去になります。特養は、三か月間はベッドを保持しておかなければならないので、その間はベッド料を支払ってもらうことになりますね。

上野　一〇〇床なんていう大規模施設を造るからじゃないの。マネジメントの面から見れば、最初から二〇床とか四〇床ぐらいの規模にしとけばよかったのでは？

高口　今の制度では二〇床や四〇床だと収益性が低いですね。いいか悪いかは別にして、規模が大きければ大きいほど収益性は高くなる。たとえば、三〇床だろうと一〇〇床、二〇〇床だろうと、施設長は一人ですからね。

上野　なるほど。そうなるわね。このあたりの話は、一般の人にはわかりにくいですよね。国が社会福祉法人の合併や大規模化を進める理由は、経営の安定のためってことか。

第三章　「生産性」に潰される現場の努力

居室へのカメラ設置

高口　X施設会の老健Cの組織作りがうまくいき始めていたある日、Y代表から呼ばれて神奈川県で建設中の特養Dの現場に行きました。ここは、X施設会が開設に関わっていましたが、突然代表が理事会の場でこの施設は高口がやると宣言したんです。ただ、このときすでに各階に機械浴が入っていて、一〇部屋が一ユニットとして独立・分離している。さらには、一階の部屋は全部腰壁で立ち上がらないと外が見えないようになっていたし、かつ、窓を全開にすることもできない。すべてが私の考えと違った設計でした。私は、この施設を引き受けるにあたって、まず「機械浴を全部取っ払ってください」と言いました。そして、「一つだけは大きいお風呂を残して、各ユニットには個浴をつけてください」、また「一階の窓は掃き出しにして、ウッドデッキを設置して車椅子ですっと外に出られるようにしてください」と要望を出しました。

これらの要求は実現できたのですが、ある会議の席で、代表が全居室に監視カメラを入れると言い出したんです。この話が出たとき、私は黙っていましたが、会議が終わって代表と別れる私鉄の駅で、「居室に監視カメラを入れたら私はもうあそこではできません」と話しました。代表から「カメラがどうしていけないんだ？」と聞かれたので、「代表だって、イヤでしょ？　自分が暮らしているところを、誰が見ているかわからないカメラで監視されたいですか？　X施設会の理念は、自らが受けたい医療と福祉の創造じゃないですか」というようなことを言ったわけです。

そうすると、Y代表はこう言うのです。「欧米も中国もカメラだらけだし、優れた保育所や幼稚園にはカメラがある」と。そして、カメラがあったら介護ができないというなら、筒だけつけるということになりました。要は、いつでも監視カメラがつけられるようにカメラの筒だけつけるということになったんです。

上野　カメラ設置に抵抗したのはなぜ？　これから先の介護業界を考えると、時代と世代との影響で、利用者が変わってきます。つまり、私たちの世代の、比較的権利意識の強いうるさい高齢者たちが入ってきます。組織防衛のためにはカメラは必須のアイテムだという気がしますが。

高口　今までも介護現場にはいろんな最新の機器が導入されてきました。自分たちの仕事が確実に楽になるとか、確実にお年寄りの役に立つという実態がない限り、使い続けることもなく結局粗大ごみみたいになっていく物をいくつも私は見てきました。だから、今もＩＣＴ導入が騒がれていますが、記録に関する機器はともかく、直接介護で使用する物はきっと現場は使わないだろうなという予想が漠然とあった。

それでもあえて抵抗した理由は、監視カメラを入れるだけで、現場の人数が減らされるのはおかしい、と思ったからです。

監視カメラが介護の量を減らす道具になるということはありえません。監視カメラで得られるのは、受動的な情報だけです。その情報を得て、判断して行動するのは人間です。だから、今の利用者三人に対して常勤職員が一人という職員配置の最低基準を、カメラを入れることで三対一から四対一にするなんていうのはまったくおかしい。

介護施設の職員配置基準というのは、最低何人の職員（介護・看護）を雇わなくてはいけないかという数字です。現在ユニット型では、利用者三人に対して職員一人になっています。

それはたとえば利用者一〇〇人の施設に、介護・看護職員は三三・四人の雇用が必要だということです。だけどこれでは、職員の週休二日も年間有休五日も確保できません。つまり、この職員数では労働基準法を守った勤務表が組めないということです。ですから、多くの施設では、法律を守るために利用者一〇〇人に対して介護・看護職員四〇人はいるはずです。

だけど、一〇〇人に四〇人だと早出・遅出を組むのがやっとで、日勤がなかなか確保できない。昼間勤務する職員の数が少ないと入浴業務やフロアの見守りがかなり厳しい状況です。そこで、なんとか利用者一〇〇人に対して職員五〇人にしようと、管理職と現場は共通の目標を持っています。つまり、二対一の職員配置でやっと職員の週休と有休が取得できて、夜勤・早出・遅出が確保でき、日勤にも人がまあまあいる体制ができるんです。これでも、会議や研修、新人指導などは時間外勤務になってしまいますけどね。働きやすい職場環境を整備するのなら、一・八対一体制が望ましいでしょうね。

つまり、まともな勤務がぎりぎり組めるのが二対一で、やっと現在この二対一でやっているのに、それを四対一にするというのは、今より半分近くに減らされた職員で介護しろということで、いくらＩＣＴを導入したところで補塡できるわけはありません。正気の沙汰とは思えませんね。

上野　なるほど、三対一とか四対一というのは、そういうことですか。たしかに、昼間施設に行くとユニットのフロアには一〜二人のスタッフしか見かけません。夜間になると二ユニットに一人、です。この体制で四対一はありえない。カメラが人手の代わりにはなりませんものね。

髙口　監視カメラに関して、私がもっと恐ろしいと思うのは、介護の質への影響です。カメラがついているということを認識できるかどうかもわからない、それを嫌だと言うこともできない人の居室に、その人を守るためだから、その人のためだからといって一方的にカメラを設置するのは違うだろうと思う。その人のためだからという上から目線の押しつけ正義で、障害者や認知症の人は、一方的に監視したり、操作したりしてもかまわないのだという合意が現場に形成されていくことが、私はとても恐ろしい。

上野　ドライブレコーダーと同じで、ふだんは何の問題もないけど、事故が起きたときに記録に残るという安心がカメラにはあるんじゃないでしょうか。万が一の事故があってその責任問題が発生したときに、その所在を明らかにすることは施設側、利用者側、どちらにとっても利益になるんじゃないの？

高口　推進派はカメラ設置のメリットを、こんなふうに言うでしょうね。たとえば転倒事故が起きた。その場に職員はいなかったので、カメラを遡って確認するという場合ですよね。職員には、転倒状況の映像があるから、分析して、事故再発防止策を立てて、利用者さんとあなたを守ることになりますよ、と。中間管理職には、虐待や事故などで訴訟になったときに、どちらが先に手を出したか、過失の程度などを明らかにすることができるので、職員を守れますよと。経営者には、労働争議が起きて職員が経営者を訴えてきた場合、職員の勤務態度などをチェックすることができますよといった具合です。

だけど介護においては、同じ転倒が起きないようにするためにはどうしたらいいかを職員同士でしっかり話し合うことが、大事なんです。自分の目で見て、耳で聞いて、心で思って、頭で考えて、そして、とにかくやってみようというのが介護という仕事です。カメラが導入されることで、これら一連の職員同士で話し合いながらケアを創造するという大切なことが奪われていく予感がします。私たち介護職が大切にしている、見る、聞く、感じる、思う、考えるといったケアの根幹が、撮影している画像は施設側が管理しているという優位性がために崩れていく気がします。

上野　それはケアの質に対する髙口さんの理想主義じゃないでしょうか。そのレベルに職員が平均的に到達していて初めて成り立つことじゃないの？　機械を使うのは人間なんだから、困った使われ方もするだろうけれど、善用するか悪用するかは使う人次第ですから、カメラに罪はありません。

極端なことを言うと、GPSがどんどん小型化して体内埋め込みが可能になったら、認知症のおじいさん、おばあさんにGPSを埋め込むこともありうると思いますよ。

髙口　それは嫌だなぁ。私は、居室にカメラをつけて、その画像を使って分析するとか、家族に説明するとかいうよりも、介護職には自分の目で見る、触れる、嗅ぐという感覚のほうをもっと大切にしてもらいたい。介護は、自分の目、耳、手、足を疎《おろそ》かにしてはならないと思っているから。

たとえば、お年寄りの歩く方向のドアに鍵がかかっていないとしますよね。そうすると、擦れ違った職員は、「ドアの向こうに出て行くのかな、このおばあちゃん」と思う。でも、ドアに鍵がかかっていることを知っていると、見向きもしないし、お年寄りがどうして歩いているかさえも考えなくなります。このように、職員の目と耳と思いをもぎ取ってしまうのが鍵の恐ろしさです。カメラにも同じような要素があると思っています。

上野　では、「カメラは利用者のあなたを守るためです」っていう理由はどうでしょう？

髙口　「あなたを守るためですから」っていうことで、どれだけのことを介護がしてきたか。「立って転んで痛い思いをするのはあなたですから、椅子に縛ります」「夜、眠れなくて大声出してつらい思いをするのはあなたですから、眠り薬を取り入れます」「もうご飯が食べられなくなってつらい思いをするのはあなたですから、鼻からチューブ入れます」ってね。

こういった本人の意思を無視して、支配的に行われる不適切ケアの背後には、「あなたのことはあなた以上に私がわかっていますから、あなたは私の言うとおりにすればいい」という悪性の感情がある。これは誰もが持つものですから、悪性感情があること自体を私は否定しません。まじめに介護すればするほど、この人のためだからと支配的になるときがある。その悪性感情がそのまま無自覚に、あまりに一方的に利用者に押しつけられると、不適切ケアや虐待につながるんだと私は思っています。

だから、介護の現場において最大のリスクは「私」だという自覚を、介護職は常に持たなくてはいけないと思っている。「この人のためなんだから、いいでしょう?」的な言葉が出たときは要注意、過剰なぐらい反応しなきゃいけないと私は思っている。物には罪はなくて、それを何のために、誰のために、どう使うかで決まるって。

上野　そのとおりです。

髙口　私は、自分の部屋に誰が見ているかわからないカメラを入れるのは嫌です。自分がされて嫌なことを人にはしないというのが介護の基本だから、私はカメラに反対します。

身体拘束一つ廃止できない現状というのは、自分たちの圧倒的な優位性を慎重に扱わず、気がついたら虐待や不適切ケアが横行しているような状況と言えます。それを取り締まるからとカメラを入れたら、もっと管理と監視の支配性が強い状況になる。使われ方次第では、カメラ自体が利用者や職員に対して圧倒的優位性を示すものになるので、生活支援の場で使うものではないと考えます。

思わぬ大病

高口　二〇一九年、この特養Dに取り組んで三年目のときに、私、がんになりました。

上野　高口さんががんになったと聞いた当時は、私もショックでした。病気も寄ってこない人だと思っていたから（笑）。がんの因果関係はわかっておりませんが、やはり過労とストレスでしょうか？

高口　そうですね。今思うと、まともに寝てなかったと思います。ずっと施設の管理職だったので、寝るときには携帯が充電されているか、呼び出し音が出るかを必ずチェックして枕元に置くという生活を一〇年以上も続けていました。

老健Bは初めて自分が中心になって立ち上げた施設だったので、自分の子どものように思っているところがありました。だけど、そういう人間が長くいるとその施設を駄目にするというのは理屈上わかっていたので、老健Cという次男を生んだみたいなところはあったんですね。

上野　なるほど、すばらしい。長期権力は腐敗を生むということを直観的にわかっていたわけですね。

高口　神奈川県の特養Dの開設に関わることになったとき、神奈川にアパートを借りてもらっていたんだけど、静岡と神奈川、そして講師などで呼ばれる外の仕事をこなすために、真夜中や早朝に車で移動する生活を送っていました。子宮体がんだったのですが、この年齢でこの不正出血はおかしいと、そんなことにも気づかないような生活だったんです。

上野 自分の体を省みる余裕すらないほど、猛烈に働いていたと。

高口 検査では最初ステージ1と言われていたんだけど、実際に手術をしたら、リンパにも転移していて一気にステージ3になっちゃった。抗がん剤はきつかったです。手術と療養と抗がん剤治療のために特養Dを離れ、古巣である静岡へ戻りました。職員たちは、退院したばかりなのだからゆっくりしてくださいと気遣ってくれたんですが、何にもしないっていうのもどこか居心地が悪くて。

上野 その間も仕事を続けていたんですか？

高口 九月に手術をして一〇月から抗がん剤治療を始めて、一一月ぐらいからは講師など外部の仕事を少しずつ始め、次の年の二〇二〇年四月から現場に復帰したんです。

入浴事故

高口　抗がん剤治療で抜けた髪の毛が生えてきたその年の八月末だったかな、X施設会のY代表から電話がかかってきました。「高口、助けてくれ」と。「どうされたんですか？」と尋ねると、東京都の特養Eのお風呂で事故があったと。お風呂でお年寄りが溺れて救急車で運ばれた。状況は非常に悪いということでした。

その特養Eは、X施設会が区から指定管理を受けている特養です。指定管理制度というのは、公の施設の管理を自治体が民間に委託する制度で、特養Eは東京都が建物だけで一七億か一八億かけて造りました。入居が一二〇床に、一八床のグループホームが併設。ショートが三ユニットで三〇人の大規模施設です。

上野　収容所だ。ああ、もう想像しただけで気持ちが悪い。

高口　収容所というか、Y代表は要塞と言っていました。いわゆる病院を基準にして造られたような建物で、私がもっとも嫌だと思っていた設計の施設です。玄関にすでに操作が必要なテンキーがあってロックされています。中に入っても、事務所が奥のほうにあって職員に声をかけるのも面倒な感じです。同じフロアに区の地域包括支援センターがあるんですが、一切連携はありませんでしたね。

そして、地下に厨房があって、そこは外部の業者に委託。施設館内のあらゆるところに監視カメラがついている。一〇人を一単位としたユニットケアの施設なんだけども、どのユニットに入るにも全部テンキーで施錠されていて、お年寄りは一切出て行けない。

上野　えーっ、ユニット間の移動もできないの？

髙口　そうです。全室個室で、お風呂はみんな最新の機械個浴。

上野　機械個浴？

髙口　そう。座ったまま入れる機械式の個浴というのがあるんですよ。驚くでしょ？

私が今までやってきた二つの施設は、お年寄り一〇人を一単位として二〇人を一人で夜勤する形です。ワンフロアにお年寄りが四〇人いると、職員は二人。この二人が相互に連絡し合い、助け合いながら夜勤ができます。もっと言えば、一人で二〇人を見るのではなく、各階が協力して、一〇〇人を五人で見るという体制でそれぞれ力を合わせないと、夜勤はやっていけないんです。それなのに、特養Eは、ユニットはそのユニットだけで完結するように業務が組まれていました。

上野　それ、建物の構造がケアの制約になるというユニットケアの「ワンオペ介護」の欠陥がもろに出ていますね。

高口　ユニット同士の空間が距離として近ければ、まだ職員は声をかけ合ったりできるけど、すごく離れているんです。

上野　一〇人一ユニットのワンオペでも、当時から不満が出ていました、きついと言って。それを二ユニットをワンオペだなんて。

高口　二〇人を一人で見るって大変なことです。だから、起き上がったり動き回ったりする人は入居を断ってくださいとか、入居されてからそういう状況になったときには薬で眠らせてくださいという身体拘束が横行します。この施設では、やたら下剤を出して排便コントロールをすることも当然のように行われていましたね。

上野　やっぱり。「うば捨て」ですね。

高口　コロナ禍の真っただ中でしたので、家族は出入り禁止です。本当に密室なんですよ。家族面会がなくなって最初にわかる介護現場の変化は、部屋が汚くなること。面会があると、間に合わせでも掃除をしますが、それがなくなるわけですから。

上野　なるほど、施設も密室になると。たしかに。

高口　面会希望のある家族には、オンラインでパソコン画面での面会。でも、オンライン面会って職員が一人つかなきゃいけないから、時間を区切り始める。一五分で終わらせてくださいとかってね。

上野　それ、もう刑務所の面会の時間制限のようなものですね。

デイの閉鎖と虐待通報

高口　お風呂で溺れたお年寄りが救急搬送されたあと、これは特異的な事故ではないかということで区の担当者がヒアリングに入りました。通常は、事故当日の勤務者とか事故の当事者にヒアリングすればいいはずなんだけど、全職員にヒアリングをしています。なぜかというと、この入浴事故とは別に虐待通報があったから。

その前にY代表の頭には、これからデイサービスは事業所の数が増えて頭打ちになるので、新規の施設にはデイもショートも併設しないで、大規模施設の入居系だけで収益を上げていくという構想がありました。どんな経営構想があったとしても、現在すでに稼働しているデイサービスを経営者の思惑だけで簡単に閉めるわけにはいきません。そこにコロナです。緊急事態宣言が出るからデイは休業しろ、できればこのまま廃業したいという指示が出ました。

上野　それは、経営者としては正しい判断じゃないの？

高口　私がいた静岡の法人にもデイを閉めろという上からの圧力はあったんです。でも、静岡の法人はそれに猛烈に反発しました。コロナ禍だからこそデイを開けることが必要じゃないかと言ってね。

上野　利用者にとってはそのとおりです。でも、経営者にとってはデイを閉鎖する千載一遇のチャンスかも。

高口　そう、東京都の特養Eはデイサービスを閉めたんです。そのときの理由が、「お年寄りと職員の命を守るため」。現場は大慌てで利用者さんに「すみません、閉めるんです」と謝って、六月一日にデイを閉鎖することになりました。ケアマネージャーにも連絡して、この期間でも開いているデイサービスに利用者さんをつなぐ手配をしていたのですが、この頃、同じようにコロナを理由に閉める事業所が散見し始めたので、これじゃいけないということで担当区からできるだけデイサービスを開けるようにという指導がありました。

それを受けて、六月中旬には再オープンすることになったんです。

上野　コロナ禍の最中でしょう。緊急事態宣言が出て、介護保険事業の中で一番打撃が大きかったのはデイサービスです。感染リスクが最も高いからですってそのまま閉めることもできたのに（笑）。

髙口　こんなふうに、Y代表の一声でデイを閉めたり開けたりと振り回されるような状況が六月あたりからあって、八月にお風呂でお年寄りが溺れるという事故があった。そして、ほかにも虐待があるんじゃないかという通報が区にあったという流れです。同じ区に新たに看護小規模多機能型居宅介護（通称：看多機〈かんたき〉）を建設している最中でもあったので、そこを取り消されるようなことはまずいという思いもあったと思います。それで、私に声がかかって、私は九月一日に区の特養Eに行きました。看護小規模多機能型居宅介護というのは、小規模多機能型居宅介護に訪問看護がついたサービスで、介護と医療を一体に受けられるすぐれものです。小規模多機能型居宅介護も、通い・訪問・泊まりの三つを状態に合わせて使えるもので在宅介護の強い味方になるサービスですが、伸び悩んでいるのが現状です。看多機は、訪問介護と訪問看護を一体的に使えるので、医療依存度の高い人やがんの終末期の人などが主な利用者になりますが、全国ではこのサービス自体がないというところも多くあるんです。

上野　在宅で安心して暮らすためには看多機も定期巡回・随時対応型訪問介護看護も充実してほしいサービスだけど、伸び悩んでいるのは事業者の負担が大きく、うまみがないからです。介護保険制度自体が複雑だし、利用者に有利なサービスメニューも自分の地域にないとケアマネにも提案できない。

ところで、髙口さんは、どういうポストで東京の法人へ行ったのですか？

髙口　お風呂の事故対応の区切りがついたら、静岡の法人へ戻るという期限付きの話でしたから、教育担当部長という役職でした。

施設の隠蔽体質

上野　それで、実際に東京へ行ってどんなでした？

髙口　私は事故のことで頭がいっぱいでした。まず事故当事者の職員に会いました。そうしたら、その介護職が「直属上司の介護主任から、起きてしまったことなんだからもう事故のことは忘れなさい、くよくよしないで勤務を頑張りなさいと言われたけど、忘れられません」と言うんですよ。だいたいお風呂で溺れたという大きな事故であるにもかかわらず、そのことを知っている職員と知らない職員がいるという状態です。そして、当事者は上司から、早く忘れろと言われている。これでは完全に駄目だと思いました。

上野　そんな重大な事故が起きたのに、どうして施設全体で情報共有もされていないのですか？

髙口　隠蔽体質があるんだと思います。だけど、職員には区のヒアリングが入っているので、何があったのかと施設内でうわさは立つわけですよ。事故をうわさにしちゃ絶対駄目なんです。リスクマネジメントにおいてこれは鉄則です。

さらに、当時は施設側からご家族への説明が一切されていませんでした。何より施設長が、自分の直属上司である法人の事業部長に報告もしていなかった。事業部長はこの事故の詳細を、区から連絡があって初めて知るんですよ。信じられませんでした。

その上、「いまだに説明がないってどういうことですか！」ってすごい剣幕で溺れたお年寄りの子どもさんから連絡が入って、それを受けた介護長が上司に報告することもなく、事故の事実を時系列に書いて、その方の自宅にファックスで送ったというのです。

そういうものは家族に渡す前に直属上司が確認する。事によっては弁護士にも一回見てもらって確認するなどの手順が必要なのに、それらは一切なし。報告・連絡・相談が、組織として機能していないということです。

上野　区からのヒアリングというのは、お風呂の事故とは別の件でも来ていたと？

高口　お風呂の事故以外にも虐待があるという電話があったようです。入浴事故と虐待の両方ですね。区からは、「おたく、クレーム多いんですよ」と言われ続けていましたから。そんな状況の中、入浴事故のあった八月いっぱいでこの施設長は異動になりました。特養Eはオープンして三年目でしたが、すでに三人目の施設長が着任することになったのです。九月一日から新しい施設長がしっかり者の相談員一人を連れて来ました。私の異動も同じく九月一日です。上層部としては、この三人で改革せよ、ということだったみたいです。

そのようなドタバタ劇の中、お風呂で溺れたお年寄りが九月上旬に亡くなられました。

上野　お風呂で溺れてから二週間ぐらいで亡くなられたということですね。

生産性の追求が生んだ事故

上野　区への報告は介護事故報告になるんですか？

髙口　そうです。先の虐待通報によるヒアリングに加えてその事故報告を受けた区からのヒアリングが始まって、私にもヒアリングがありました。まず私は事故のことを正しく全職員に知らせなきゃいけないと思いました。当事者である介護職員を呼んで、「職員を集めるから、どういうことがあったのか事実をみんなの前で説明できますか？」と聞いたら、「やらせてください」と言った。そこで一〇〇人以上いる全職員を分割して、九回にわたって説明報告会を行いました。事故を起こした本人はしんどかったと思うけれども、頑張りましたね。

職員の前で、彼女が「私はお風呂当番でした。そして、お風呂に入っているときに、離れました。戻ってみたら、浮かんでいました」と事故の経緯を話します。ポイントは、なぜお年寄りのそばを離れたのか？なんですが、私はパンツを忘れたとかシャンプーがないとかで離れたのだと思っていたんです。ところが離れた理由はパソコン入力のためでした。

介護の仕事で、湯船に浸かっているお年寄りから離れるというのは、プロとしてあってはならないことなんです。そのくらい入浴中というのは危険が多いということです。入浴中のお年寄りから目を離して浴槽から離れるということは、やってはいけないことだと教えられているはずです。それもよりによってパソコン入力で離れたというのはもう、ありえない理由です。

上野　たしかにありえない。

髙口　説明報告会の三回目ぐらいのときに、ある職員が「なんで離れたんですか?」と質問したんです。その介護職は「なんでって……、慣れてしまったからかな」と答えました。さらに、「慣れって、何に慣れたの?」と聞かれて、答えた内容がこうでした。

二ユニット計二〇人に一人の夜勤者がいます。早出の職員が七時に出てきて夜勤者と入れ替わり、朝食の準備と介助をします。早出職員は一六時までの勤務です。早出が出勤して朝食も終わったころ、日勤（八時半〜一七時半）が来て、次に遅出（一六〜二三時）が出勤してくるのですが、特養Eは職員が次々と辞めるものだから、三対一基準ぎりぎりの状況です。だから、早出・日勤・遅出を一人ずつ勤務として組むことが難しいんです。なので、人が足りなくて遅出を勤務として組めない日は、早出で出勤した職員がそのまま遅出の時間まで一人で残ることがほとんどでした。これを早遅連勤というのですが、早遅連勤するということは、一〇人のお年寄りを一人で一二時間くらいずーっと介助するということです。朝、昼、夕の食事介助を一人でやり、排泄介助も一人です。そのフロアから離れられません。そうすると、フロアに人がいなくなってしまうからという理由で、お年寄りをお風呂に入れられなくなります。

それで、一〇人のお年寄りを別のユニットに連れていって、そのユニットの職員に二〇人見てもらっている間に、一人の利用者をお風呂に入れるというやり方を考えたようです。だけど、この施設は、各ユニットが完全に独立した形なので、一〇人のお年寄りを隣のユニットに移動するだけで手間も時間もかかるわけです。そのせいで昼休みが取れなくなったと、職員の不平不満も出てきます。それが原因で辞める職員も出てきたので、この方法はやめて、そのユニットのことはそのユニットでやろうということになりました。

そんな状況の中で、どうすれば入浴が実施できるか。その介護職員はユニットリーダーでした。今日お風呂に入れなかったら明日の職員が大変になると思い、一〇人のお年寄りがいるフロアから一人連れてお風呂に入れた。お風呂に入れながら、ちょこちょこユニットの様子を見に行くことをしたら、「できちゃったんです」ということでした。それが三月のことだったと言います。彼女は、お風呂にお年寄りを入れてその場を離れることを、三月からずーっとやっていたんです。湯船に入っている人から離れることを彼女も悪いとは思っていた。でも、今日お風呂に入れないと、次の勤務者のお風呂の負担が多くなるから、やむにやまれずやっていたというのが理由でした。そうしたら、「私もやっていました」と新人が発言したんです。彼女は介護の仕事をするのは特養Eが初めてでした。「だって、ユニットリーダーがあんなに一生懸命頑張ってお風呂に入れているのだから、私もやらなきゃいけないと思ってやっていた」そう言いました。

上野　ワンオペユニットケアのネガティブな面が丸出しですね。

髙口　ユニットケアが問題なのではありません。ユニットケアという考え方は全然問題ないんです。そうではなくて、それを実践するだけの人員配置ができていないことが問題なんです。

上野　そう、ユニットケアは人数が必要なんです。足りないと、建物の構造がかえって制約になります。当初から予測されていたことです。ユニットケアを推進した人たちには理想主義がありましたが、ハコものに人員配置がついてこなかった。それどころか、実証実験で既存の配置基準でも回せると証明してしまった。理想主義だけじゃうまくいかなかったと私は思っています。そればかりか、当初一〇人一ユニットでスタートしたのに、いつのまにか基準緩和して、今は一五人一ユニットでもOKとなりましたね。夜勤二ユニットでワンオペなら、三〇人に対応しなければなりません。めちゃくちゃです。

職員に蔓延《まんえん》するずさんな対応

高口　事故を起こした本人にそのときの状況を話しなさいと求めると、浴室に戻ったら背中が浮いていて、背骨が見えて、びっくりした、と。名前を呼んで持ち上げたら、首がぐーんと自分の手に乗って、まだその感触があると言いました。そのときに、看護師さんを呼ばなかったのかと尋ねても、なんとかなるんじゃないかと思って呼ばなかった、と。そして、浴槽のボタンを押してお湯を落として、そのお年寄りを引き出して床に寝かせたけど、ぐったりしているのを見て怖くなった。で、そのとき初めて、「誰か！」と叫んだと言うんです。

上野　その職員は、それまで一人で持ちこたえたんですね。よっぽど風通しの悪い組織に思えます。

髙口　お風呂で溺れるというのはとても怖いことなんですね。だから、元気な人であろうが絶対離れちゃ駄目なんです。これは、新人研修のときに徹底してやるんだけど、そういうことも「知らない」って言うんですよ。

上野　その状態で人工呼吸とかはしなかったの？

髙口　本人はしてないですね。声かけだけです。

上野　そういう訓練も受けてないの？

髙口　していませんでしたね。そうしたら介護長は、いや、入浴のときに離れちゃいけないと、新人研修のときに教えたはずですよと発言しました。

でもこの説明報告会が終わったときに一人の職員が私のところに来て、介護長が新人研修のときにお風呂から離れちゃいけないと指導したと発言したけど、あれは違いますと。お年寄りがお風呂に入っている時間に、脱衣室の掃除や洗濯ができるだろう、ということを指導されたようなのです。そういう時間の合間合間を見て動くのが私たちの仕事だと教わった、と言いに来たんです。

さらに私が驚いたのは、当事者の介護職員を救急車に乗せたことです。事故が起きたときは、感情的になって緊張している当事者ではなく主任クラス以上の職員が救急車に同乗するのが原則です。

事故対応の基本もなってないし、新人研修の内容も間違っている。もともとベースになる勤務体制がむちゃくちゃな状態でした。そして、このような状況を、介護長をはじめ施設長も把握していないなんて、これはかなりひどいと思いました。私は事故対応でこの施設に呼ばれましたが、事故は起こるべくして起きたと思いました。

上野　把握してないってどういうことですか？　だってシフトを組んでいるのは……。

高口　作ったのは介護長ですよ。だけど、各ユニットでどうやってお風呂に入れているのか、知らなかったと介護長が言うわけです。

上野　その実態、本当に知らなかったのかしらね。

高口　見て見ぬふりだったのかもしれません。介護長自身が、新人の頃に上司から早遅連勤を月に一〇回ぐらいやるのが実力者だと教わったと言うんですから。

上野　頑張る戦闘員の罪、です。ボクにできることがなんでおまえにできないんだという強制です。

高口　早くやること、たくさんやること、そこに価値がある。そうやって現場を回せる者が「できる職員」だってことです。まったくひどい。

上野　生産性の追求ですよ。

高口　そんなふうにして、職員への説明会を九回やって記録に残しました。それを区に提出します。無理な勤務体制など調べればすぐわかることですけど、施設長が何度も確認して手を入れて提出しました。

上野　いやあ、財務省近畿財務局の赤木俊夫さんが犠牲になった公文書改竄《かいざん》事件の構図を思い起こします。

虐待を認めない施設

高口　私はみんなの前では事故の当事者に強い口調で言いました。「正確に事実を言いなさい」「どんな気持ちだったの、そのときは」「フロアの見守りになぜ人を呼ばなかったの」「慣れたって、どういうことなの」「あなたがそういうことしたから新人もそういうことしちゃったじゃないの。あなただけの問題じゃない」と。彼女は、ぽろぽろぽろぽろ泣きながら答えました。その状況を報告書やヒアリングで知る区の職員たちも、これはこの介護職員だけの問題じゃない。施設の方針や勤務体制とか、人数配置とか、職員への指導内容などの問題だとだんだん気づいてきましたね。

私は、その介護職員と一緒に帰りながら、「明日もあるけど、あんまりしんどかったら出なくていいよ」「今日もよくしゃべることができたね」「同じ話、何回も何回も思い出すことになるからきついね」とか話しました。彼女は、「でも、お年寄りはもっとしんどかったと思うから」って言ったんですよね。

上野　まるで犯人を落とす刑事みたいですね。その職員は、ユニットリーダーってことだけど、勤続何年ぐらいですか？

髙口　三年目で、年は二七ぐらいだったかな。一〇月には職員への説明報告会が終了して、一一月に区へ報告書を出しました。すると、一二月に戻ってきた区からの指導文書が「これは虐待とみなす」ということだったんです。それまで私たちは、入浴事故として対応していたわけですが、虐待となると対応は変わります。

区の担当者が私に、「高口さん、実際どう思いますかね、この施設」という感じで聞いてきました。「みなさんもヒアリングされたわけですが、どう感じられましたか」と逆に聞き返したら、「とにかく職種間の連携がほとんど取れてない。中でも看護と介護がまったく連携が取れてない。看護師はそんなことがあったんですか、ぐらいの感じで他人事《ひとごと》。ちょっとひどいですね」とまず言われました。よく見ているなと思いました。

介護職は、看護師が怖いとか、看護師が責めるとか言って報告ができない。吐いたとか熱が出たとか報告すると、あんたたちが食べさせすぎるからよ、あんたたちが水飲ませないからよとか責められるので、言いにくい。それで看護師の耳に入るときには事態が深刻化してからだから、よけいに看護師は怒るみたいな悪循環が生まれていました。

上野　区の対応、すごくきついですね。区民から長期にわたってクレームが続くから、この委託は切ったほうが、という意図が背景にあったのでしょうか。

高口　それはわかりませんが、区の要求は明確です。まず、クレームを減らす、事故を減らす、職員の定着率を少しでも上げて安定した勤務を。これだけなんです。

上野　それ、まともな要求ばっかりだと思う。区が言ってきた虐待とはネグレクト（介護放棄）のことですか？

髙口　そうです。しなければならない入浴介助をしなかったということです。それでネグレクトと判断されたんだと思います。

上野　代表はビビったんじゃない？　事故から虐待では、問題のレベルが上がるもの。

髙口　代表は、いろんな人に電話をかけまくっていましたね。その中の一人、樋口恵子さんははっきり「Yさん、それは虐待ですわ」と言ったんです。

上野　ご立派。さすが樋口さん。

髙口　私にも虐待だと思うのかと尋ねてきたので、私は「行政が事故か虐待かをどう判断するかは大した問題ではありません。今、この介護現場でどういうことが展開されたかをまず正しくとらえて、二度とこういうことが起こらないための当座の対応と、これからの方針を私は考えます」と言いました。

するとX代表は、X施設会を非難するようなことを言ってもかまわないから、区からこういうむごい対応をされているということを何かに書け、発言しろと言うんです。区の横暴を外に出せみたいなことですよ。ご家族への充分な説明もまだ終わってないし、保険の処理も終わってないときに。

上野　なんで施設長にやらせないの？　なぜあなたに言ってくるのでしょう？

高口　代表は私に直接連絡をしてきていましたからね。それが、当時の施設長にはやっぱりおもしろくなかったのでしょう。俺にはなんで連絡がないんだと言い出した。私は結構この施設長とうまくいっていると思っていたんだけれども、そうじゃなかったみたい。

上野　指揮命令系統をすっとばされたら、トップとしてはおもしろくないでしょう。

高口　結局、二〇二三年度に指定管理は取り消しになりました。これも私が辞めたあとのことですが、法人は二〇二二年の六月には、区から虐待の認定を受けたことを不当だとして、区を相手どって訴訟を起こしています。相変わらず、体質が変わっていないんだと思いました。記者会見まで開いて、闘う気満々だと思いました。

上野　Yさんっていうのは、そうやって敵を作って闘う人なんだ。わかりやすい人ですね。

高口　区の担当者は、ヒアリングをして報告書を確認したあとで、連携性の低さとか勤務の厳しさの中で、介護職員の不安がとても強くなっている印象を持ちますと言いました。私もそのとおりだと思うと答えました。そこにあるのは孤独感です。誰にも相談できないとか、一人ぼっちの連勤が続く中で自分一人でなんとかしなきゃいけないとか、全部、自分の責任になってしまうんだという不安の中で仕事をしていると思います、と。さらに「これを解消するにはどうしたらいいでしょうか？」と言われました。

もちろん、会議・面談・研修の実施などもあるけれど、まずは勤務体制を一六時間夜勤に変更したほうがいいと言いました。三交代勤務だと、八時間×三交代＝二四時間で、勤務者同士の重なり合う時間が一切ありません。でも、一六時間夜勤にすると、勤務の重なりが生まれますから、連携することができるんです。まずは、早遅連勤を改善するために、一六時間夜勤で人を確保して、その分を会議・面談・研修に生かすようにしてはどうかと提案しました。

上野　要するに、のりしろを作るということ？　よいことですが、その分、夜勤手当とか超過勤務手当とか、人件費が増えるでしょう。

髙口　もちろんそうですが、だけど、職員の不安や孤独感を解決する、それには代えられないことですよ。そこは施設長を説得しました。

上野　あーあ、日本の長時間労働体質そのものですね。現場の指揮官がそういう指令を出すんだね。もっと働けという。

髙口　でも実際に介護現場で働く者からすれば、一六時間夜勤して翌日が明け、翌々日が休みというほうが、働きやすさみたいなものはあるんですよ。人数が二対一とか、一・五対一とかの一定の充足性があって、申し送り、面談、研修というのが充実すれば八時間夜勤で充分ですよ。でも、人数が少なくて職員間の連携も取れてない中で、これ以上職員を追い込まない一つの方法としては一六時間夜勤がいいと私は思います。

急転直下の人事

髙口　施設改革の手順や計画を進めている段階なのに、職員の勤務態度は荒れていき、無断欠勤なども増えていきました。また、施設長と教育担当部長である髙口との意思疎通におけるズレも大きくなっていきました。事業部長はそこに気づいて、これでは施設改革どころではありませんねということになり、事業部長と私と施設長の三人でとことん話をしましょうということになりました。それが二〇二一年の二月あたりです。事業部長は、もう少し二人でうまくやってくれみたいなことを言ったんです。その三人の話し合いのあと、施設長は私を呼んで、結局おまえは東京の施設長になりたいんだろう、俺に出て行ってほしいと思っているんだろうというようなことを大きな声で言うわけですよ。

上野　そのとおりです、出て行ってくださいって言えばよかったのに。すごまれたくらいでビビるな（笑）。

高口　私は驚きましたよ。あなたの施設の改革に協力しているのに、この人になんでここまで言われるんだと思いました。そんなとき、夜中にY代表から特養Eの様子をうかがうような電話がかかってきたんです。それで、私は代表に、高口は事故をきっかけに特養Eの体質改善のために来たということを施設長にちゃんと言ってほしいとお願いしました。

そうしたら数日後に、女子更衣室に辞令が貼られていた。「高口光子を特養E副施設長に命ずる」。本人の私も寝耳に水ですよ。当然、施設長はこの事態にまったく納得しない。

上野　それはそうでしょう、施設長に相談なしの人事では。施設長と職員との間の風通しが悪くなっていたから、言ってもしようがないという無力感が職員全体を支配していたということでしょう。そこに風穴を開けたのがあなただった……。

あなたが副施設長になるかどうかは別にして、その施設長が切られるのは時間の問題だったんじゃないの。

高口　このときすでにY代表のところに職員からの匿名の内部告発が出ていたんですよね。それとは別に事業部長のところで留め置かれていた内部告発もあったみたい。すると代表が、匿名の告発文では動けないから、告発文を書いて俺に出せって私に命令したんです。

上野　書いたの？

高口　うん。長時間の真夜中電話でずっとどなりつけられ、朝方フラフラになって言われるままに送ったんですよ。そうしたら、数日後のオンラインでの施設長会議は中止になって、急遽《きゅうきょ》、施設長の懲罰委員会になりました。施設長は懲戒解雇を免れて諭旨免職になりました。

上野　代表がそういうシナリオを作ったわけだ。いつも敵を作るやり方をする人ね。

高口　私を切ったときも同じやり方でしたしね。

それにしても、区からすれば「また施設長が替わるんですか？」みたいな感じですよ。

三人目の施設長が諭旨免職になってしまったので、事業部長が私に施設長をやりますかと言ってきたんです。副施設長なら法人出向でいいけど、施設長となったら法人移籍となります。私は考えさせてほしいと言いました。いろんなことがぐるぐる回ったけど、もうここまで来たら腹をくくって、やってやろうと思ったんです。何人かに相談もしましたが、そんな伏魔殿みたいな場所はさっさと見切って、静岡に帰ったほうがいいと言ってくれる人もいました。だけど自分の中では、退路を断つじゃないけど、ここでとことんやるには静岡の法人から東京の法人に移籍するしかないと思ったんです。でも事業部長は、高口がまさか針の筵《むしろ》の特養Eに来るわけはないと内心思っていたようなんです。

上野　高口さんは危ない女だと思われていたのよ。この女は代表と直通の回路を持っていて、何でも代表に言いつける。事業部長は自分の足もいつすくわれるかわからないって思っていたかも。

高口　事業部長は私が断るだろうと思っていたんですね。とりあえず施設長を打診したという既成事実があればよかった。私が断ったそのあとで、自分の腹心の部下を施設長にするという考えだったのかもしれない。でも、当時はそれがわからなかった。

上野　あなたは、そこまで深読みができなかった？

高口　そうです。こんな急展開になるとは思わなかった。

上野　だからこそ一方で施設長になりますかというオファーを出しながら、もう一方でやめたほうがいいというメッセージを出し続けたと。事業部長はあなたの資質を見誤った、そしてあなたは事業部長のシナリオを深読みできなかったっていうことですね。

高口　私は事業部長をいい人だとずっと思っていたんですよ。施設長を受けますと言ったら、歓迎している様子だったので。

上野　そんな単純に人を信じるのか！　高口、おっさんという生きものを知らんな。

代表による追い出し

高口　施設長を受けますと、私が返事したその翌日に、諭旨免職された施設長が連れて来た例の相談員が、高口さんと一緒にやるのはいやーと言って椅子から転げ落ちて泣いたって、事業部長が私に言うんですよ。彼女は相談員として収益を上げていた人物で、彼女が辞めたら、特養Eはまた赤字になる。これは大変なことだ、と事業部長が言う。それで、しばらくは施設に顔を出さないでくれと言うのです。刺激しないようにということらしいのです。結局、私は近くにある法人本部の建物に幽閉状態になりました。会議や研修はオンラインなので、管理業務はなんとか続けることができましたが、現場の職員と関わることができなくなりました。

私が幽閉されている間、代表は持病が悪化して入院していました。入院中に、事業部長とのやりとりがどれだけあったのか、代表が何を知っていたのかはわかりません。でも、水面下で髙口を追い出すシナリオが着々と進んでいたんでしょう。今思えば、ですよ。当時はまったく誰を疑うこともなかったですね。代表が退院の日に、車で法人管理部に寄ったんです。で、代表はそこにいた職員を集めて、こう宣言しました、「この若い艦長、A君に特養Eの施設長をお願いする」と。A君というのは、事務長だった人物です。

上野　「艦長」って何なの?

髙口　X施設会は、大規模施設を空母にたとえるんです。周りを囲む船団が小規模施設とかね。艦長の意向に沿わないものは去れ。つまり、髙口よ、去れ、ですよ。

上野　「なら、一緒に沈没しよう」って言えばよかったのに。去れというのは、静岡の法人に戻れということ？

高口　そうですね。東京から出て行けみたいな感じ。私は、はあ？という感じしかありませんでしたね。

事業部長にどうしたらいいか聞くと、今日中に出て行くしかないでしょうねと冷たく言われたんです。私、静岡の法人には言えなかったので、神奈川の特養Dの施設長に電話しました。彼女は夜中に車で来てくれて、二人で荷物をまとめました。東京の法人管理部の人たちは、なんでこんなことになるんですかって泣いていました。「現場の職員は心のどこかで、高口が施設長になったら何かが大きく変わるんじゃないかと、言葉には出せなかったけど期待していたんですよ」って言われました。

そのときにY代表の側近から、「これは権力闘争で、事業部長にとってあなたは脅威だったんですよ」って言われたんです。

上野　あなた、それ、読めなかったの？

高口　うん。当時は全然読めなかったです。静岡の法人は、X施設会の中でも職員が一二〇〇～一三〇〇人いる大きい法人なんです。今思えば、先兵としてまず高口を東京に送り込み、特養Eの施設長になって、それから雪崩を打つようにして東京にこの法人が入り込んでくると思われていたのかなあ。

上野　それは経営者として正しい読みです。そこが髙口さんの兵士としての限界なんですよ。つまり戦略を読めなかったということです。経営者は戦略を考えているが、現場の兵士は戦闘しか考えません。

解雇通告

髙口　そういう経緯があった二〇二一年の六月に静岡の法人に戻りました。私の直属の上司である静岡の事業部長のTさんは、私に同情しながら、これからはF会で後進の育成を頑張ってくださいと言ってくれた。しかも、うちの法人は新規事業がまだ控えていて、それをあなたに任せたいと言って、私を迎えてくれたんです。このように私はもともとの所属法人に戻って、勤務を再開しました。

そして、一〇月に話があるとTさんから連絡があり、泣きながら頭を下げて言われたんです。その内容が、二〇年を機に自分から辞めたことにしてほしいということでした。

上野　そういうことでしたか……。

髙口　一〇月に、オンラインでX施設会の全国会議があったのですが、そこでY代表は「髙口というのは（監視）カメラ導入に反対するいいかげんなやつだ」とか言い出すわけですよ。

上野　あなたがいるところで？

髙口　そうです。ただ、一〇〇人以上参加しているオンライン会議だから、私が参加していることを代表がわかっていたかどうかはわかりませんけど、「髙口はいいかげんなやつだ、生活リハビリはもう古い！　特養Eで職員をたきつけて家族にも吹聴《ふいちょう》して、無責任だということがわかった」とか言うのです。

上野　ふ〜ん。私にはシナリオが読めてきました。

生産性をキーワードにして介護業界全体が大きく転換していく今、これからICTの導入など、さまざまなハイテク化が進んでいくその流れの中で、いわば旧時代の職員が淘汰《とうた》されていくということ。

さきほどからのやりとりを聞くと、代表のYという人物はちゃんとシナリオを作っているように思えます。シナリオとは、つまり戦略のことです。新時代のICT化された介護を転換のエクスキューズに使っている。彼はあなたがそこにいるということを知って、そこにいるほかの一〇〇人に対してそういうパフォーマンスをやったんだと思う。一種の踏み絵ですよ。監視カメラを導入するか否かという踏み絵を踏ませて、こちらを選ぶかどうかを迫る。そのために衆人環視の中で髙口さんを見せしめにしたわけだ。

あなた、そのときに、カメラについて信念を持って反対できなかったわけ？

髙口　うーん。できなかったですね。個人として納得できなくても、経営者の方針に抗《あらが》うことを全体の中で管理職はしてはいけないと思い込んでいたし、その駄目な管理職に自分がなっていると自分を追い詰めた。今思うと、通常の精神状態ではありませんでした。

上野　Yさんにはもっけの幸いだったのでしょう。カメラの導入はあなたのアキレス腱《けん》。こいつは信念を曲げないだろうと思っているから、カメラで攻めようと思ったのでしょう。私はどう考えても、ICT化についてY代表がそれほど信念があるとは思えない。あなたがいることがわかっているもっとも効果的な場で、髙口さんを切るというパフォーマンスをやったんだと思えます。

高口　そうなんですね。私は、介護については対等な立ち位置で自由闊達《かったつ》に論議ができるのがY代表のいいところだと思っていたわけです。でも、今思うとそうじゃなかったんですね。

上野　独裁者の怖さを知らなかったね。

高口　知らなかった。

上野　独裁者が夜中に電話かけてくるホットラインがあるんだったら、一〇〇人の目の前で面罵される前に電話をかけ返したらよかったのに。なぜ自分が切られるのか、と。なんでそれができなかったの。

高口　できなかったですね……。

上野　蟷螂《とうろう》の斧《おの》かもしれないけど、「私を切ってもいいけど、あんたも無傷じゃすまんぜよ」ぐらいのことはやればいい。一寸の虫にも五分の魂、です。あなたに納得できない、許せないと思う気持ちがあるからこそ、今これだけ思いの丈を語っているんですよね。

第四章　介護崩壊の危機

介護崩壊の分岐点

上野　介護保険制度ができて二三年が経っていますが、介護保険が本当にヤバイことになっていることが目に見えてきました。コロナ禍がケアワークの危機をあぶり出したという感じがすごくあります。今回、髙口さんの話を聞いて、危機的な状況にあるのは在宅だけではなく施設も同様だということがよくわかりました。在宅において介護保険がどんどん使いにくくなってきていることは利用者目線からも明らかでしたが、施設においても働き手の減少がケアの質にまで及ぶ深刻な事態を招いていることには驚きました。読者の方は、施設の職員配置基準の話で三対一とか四対一とか聞いてもピンとこなかったでしょうけど、髙口さんの話で状況の深刻さがわかったはず。そしてこれは、髙口さんが働いていたX施設会の老健や特養だけの問題ではないだろうというのが、私の確信です。

髙口　管理職として、経営者から一方的に否定されて、狭い視野でしか考えられなかった自分ですが、上野さんに話していくうちにだんだんと介護業界全体の問題として考えられるようになりました。

上野　最初に私は介護の戦略・戦術・戦闘という話をしました。それにあてはめて言うと、肝心の戦略、つまり政府が介護保険の利用抑制に舵《かじ》を切っていることがこの現象の背景にあります。それに私たちはどう抵抗していくか、歳を取っても障害を持っても安心して生きていける社会にするにはどうしたらいいか、このことを考えなければいけません。

コロナ禍でのケアワークの見える化

上野　コロナ禍はケアワークを見える化しました。日本は、諸外国と比べて介護施設のクラスター感染が少なかったという特徴があります。経営的な視点からいえば、入居施設系は利用者が移動しないので比較的安定していますが、通所介護や通所リハビリなどの通所系サービスはダメージを受けました。通所系には、コロナ禍による休業要請が自治体から出たこともあります。

通所を中心とした介護事業所の閉鎖・休業を見てみると、二〇二一年四月までに休業八八三件（ＮＨＫ調査）、二〇二二年倒産六九件（東京商工リサーチ）です。やっとの思いで始めた小規模なデイサービスなのにコロナで休業を要請され、再開・復帰するのが難しいという声も聞こえています。

　在宅介護の最後の砦《とりで》である訪問介護はさんざんな目に遭いました。ワクチン接種の優先順位は、医療職、介護施設の介護職、最後が訪問介護の順でした。感染リスクに対して、情報も装備もないという無防備な状況にさらされたのです。さらに感染リスクを怖れた職員の離職や、利用者の利用控えなどもあります。利用抑制の裏にはお金を使いたくないという休業中の家族の要望もありました。

高口　施設では、長い期間、面会が禁止になりました。この影響は大きかったですね。一年以上家族と面会できないというのは、お年寄りにとっては大変な負担です。面会できたとしても、居室ではなく別室でガラス越しとかです。すでに話したように、家族の面会がないので掃除が行き届かないってこともありますね。ターミナル期の方に家族が直接面会できない状況というのは、本当に異常だと思いました。静岡の施設にいたときですが、コロナが流行《はや》った最初の年のことです。危篤状態のお年寄りに介護長が少しだけでも面会できる時間を設けようとしたのですが、ご家族のほうから自分が来たことで施設にコロナが出たと言われては困るので結構ですと辞退され、一度も直接会うこともないまま亡くなられたときはつらかったですね。

上野　家族が面会できなかった看取り事例は、コロナ禍のもとで全国にたくさんあったでしょうね。

この間のヘルパーの有効求人倍率を見ると、二〇一八年のコロナ禍前で一三倍だった数字が、コロナ禍以後の二〇二〇年で一五倍（厚労省）です。有効求人倍率というのは、有効求人数を有効求職数で割ったもので、一より多ければ人を探している事業者（求人者）が多いことになります。少なければその逆で、仕事を探している人（求職者）が多いということです。

介護は不況業種、つまり不況になると人が流れてくる仕事だと言われていますが、コロナ禍で失業者が増えたにもかかわらず有効求人倍率が増えている。より人手不足が加速しているということです。厚労省はコロナ不況で介護職への参入が増えると思っていたようですが、その読みは外れました。それほど人気のない職種だということです。

髙口　施設系も人手不足は変わりませんでしたね。介護人材不足の救世主になるかと言われた外国人技能実習生がコロナで日本に入ってこられなくなったことも大きいと思います。

上野　そんな中で、驚くような通知が厚労省から出されました。これが介護業界で話題にならなかったことにも私は驚きました。二〇二〇年春に、厚労省は無資格ヘルパーを使っていいという通知を出したんです。

高口　この通知、現場はほとんど知らなかったんじゃないかな。私も知らなかった。

上野　でしょう？　医療界の人手不足が話題になったとき、退職した看護師、保健師や資格を持っているけど働いていない休眠看護師、看護師資格を持った大学院生を使えといった案が出て話題になりましたが、医療現場に無資格者を使っていいとは絶対言いませんでした。ところが介護には使っていいと言ったんです。これを聞いて私は唖然《あぜん》としました。

介護保険ができて二〇年経っても政策設計者の頭の中は変わっていないということが明らかになったからです。つまりヘルパーという仕事は誰でもできる非熟練労働だという思い込みです。そこに「女なら」がついて、「女なら誰でもできる労働」だと、政策設計者たちがずっと思い続けてきたということですよ。これには怒り心頭に発しました。

高口　ヘルパーの介護を、誰でもできるレベルの低い安い仕事ととらえることは、ヘルパーの介護を受けている人を軽んじることになると気がついているのでしょうか。

上野　そのとおり。介護職の処遇がこの程度でいいと思われているということは、お年寄りの処遇がこの程度でいいと思われているのと同じです。

ヘルパー裁判

高口　今、ヘルパーで国を相手に訴訟を起こしている人たちがいますよね？

上野　そう、「ホームヘルパー国家賠償訴訟」です。訪問介護は、利用者の家への移動時間も待機時間も、キャンセル料も、賃金の対象にならず支払われません。この時間を積算したら最低賃金を割るということもわかりました。この状況は国の制度設計に根本的な責任があると、三人の現役ヘルパーが原告となって、二〇一九年に国を相手どって訴訟を起こしたんです。二〇二二年一一月一日に東京地裁で敗訴の判決が出ました。この不当判決を受けて、彼女たちは控訴しましたが、現職のヘルパーたちが声を上げた効果は大きいと思います。

高口　問題提起をしたことは大きいですね。でも、こういったことが介護業界ではあまり知られていません。特に施設の介護職は知らないですね。介護現場といっても、施設は施設のことだけ、デイはデイのことだけみたいなところがあります。

上野　施設系と在宅系の分断も大きいですね。でも介護とはいかなる労働か、という社会の見方や処遇の低さは共通しているはずです。だから私は、介護職にもっともっと声を上げてほしいと思うんですよ！

もう一つ、コロナ禍のもとの政策で頭に来たことがあります。休眠看護師を掘り起こすために厚労省が出した通知です。既婚の看護師が配偶者特別控除一三〇万円を超えて働けるように「配偶者特別控除の上限額一三〇万円の年収を一時的に超えても、被保険者の変更をしなくてもよい」という通知を出したのです。ワクチン接種で看護師不足が起きたので、この壁を取っ払って看護師をかき集めようとしました。政府というのは、ほんとに姑《こ》息《そく》なことをちまちま考えるもんだと思いました。

そもそも配偶者特別控除とは、既婚女性の一三〇万円までの収入はなかったことにしましょう、というもので、このみなし専業主婦の人たちは夫の社会保険で被扶養者としてカバーされますから、彼女たちとその雇い主は社会保険料を払わずに済むという、まったくおかしな制度です。

高口　施設のパート職員でも一二月になると勤務を減らしてほしいと言う人が出てくるけど、それですね。

施設に関していえば、特養の二人部屋や四人部屋といった多床室の室料が利用者負担に変更されましたし、また、少人数のグループで生活支援する全室個室のユニットケアの単位もいつのまにか基準が緩和されて、一ユニットの利用者の定員が一〇人から一五人へと引き上げられました。でも、職員の配置人数はそのままなので、職員の負担は増えます。こういったことも労働強化なわけですね。

ユニットケアができたときの定員は、一〇人以下だったはずです。認知症のお年寄りには家庭的な雰囲気で少人数でケアすることが効果的だとしてできたのがユニットケア。それが、一五人で家庭的な少人数って言えますかね、今どきめずらしい大家族ですよ。当初は二ユニット二〇人に夜勤一人という基準だったのが、今となっては三〇人に一人の夜勤者ですから、現場が疲弊するのは当たり前です。

さらに、ユニット型個室的多床室なんていうわけのわからないものも登場してきました。そもそもユニットケアで何をしたかったかが完全に形骸化している。

上野　ユニットの定員を増やすのは経営効率の観点からでしょう。五〇人の定員で五ユニットだったのが三～四ユニットで済む。一〇〇人だったら一〇ユニットから七ユニットに減らせる。ということは、それだけ人員配置も設備も減らせます。経営者にとっては有利です。

施設は誰のため？

上野　ねえ、髙口さん、あなたはずっと施設ケアの実践を誇りにしてきましたね。以前、あなたは、施設に入居するおじいさん、おばあさんたちは、好きで来たんじゃない、最初にハンデを背負って来るって言いましたね。

髙口　うん。そう言いましたね。

上野　ここで死ぬのを待つだけというおじいさん、おばあさんたちを相手にして、その人の居場所を確保することが自分たち介護のプロフェッショナルの使命だと言いましたよね。それを聞いた私の確信はいよいよ深まって、最終的には施設解体に行き着いてもらいたいぐらいの気持ちです。現に福祉先進国の北欧諸国では、施設解体の動きが進んでいます。

施設は現にありますし、それを必要とする家族や利用者がいる現実は否定できません。その中で最前線の戦闘員をやっている高口鬼軍曹がいる、そういう状況です。現実の矛盾やしわ寄せをひっかぶって、善戦しているのが高口さんです。

これから先、団塊世代が後期高齢者になって、認知症の人の割合も上がっていきます。そうすると、二つのことが起きることが予測されます。一つは要介護者の量の増加。もう一つはその人たちの質の変化。この世代は権利意識が強いから、クレームメーカーが増えていく。訴訟も辞さないでしょう。

そのため施設経営者たちが組織防衛によりセンシティブになっているということは事実でしょう。私自身ICTの導入に反対じゃない。決定的なのはカメラです。ドライブレコーダーと同じく、記録が残るということが大事なわけです。これまでだって介護事故のいくつもが、入居者家族が設置した隠しカメラやレコーダーのおかげで発覚したという事実がありますね。それは施設側の落ち度の証拠になることもあるけれど、逆に施設側の自衛のためでもあります。なにしろデータはいくらでも改竄できますから。

高口　そう。だいたい一〜二週間で自動消去だから、施設側に落ち度のあるものは、意図的に残さないことができるでしょうね。

先にお話しした入浴中に溺れて死亡した方の家族には、その時のフロアの録画を見せていません。

上野　時間稼ぎしていれば消えてなくなる。それは組織防衛のためにやっているんだということがもう見え見えにわかる。あなたがカメラに抵抗する気持ちはよくわかります。

政府としては、制度の持続可能性が錦の御旗《みはた》。もっと露骨に言うと利用抑制です。おそらくX施設会の拡張路線はもう頭打ちでしょう。もう政府も自治体も施設を増やす気はないと思います。地方で施設を造りすぎたところでは、お年寄りの奪い合いがすでに始まっていますから。まだ伸び代があるのが首都圏を含む大都市。といっても、これもあと二〇年程度という時限つきです。高齢化のピークを過ぎたら高齢者の絶対数は減っていきます。経営者は、そこまで考えていると思う。だから、それまでの間にパイをどれだけ増やすかを、X施設会は考えているはず。

高口　私はどこまで拡大していくんだろうと、ぼんやり思ってはいたけど考えてはなかったですね。

上野　そこは、戦闘員だからです。大本営や参謀本部が考えていることは知らないし、知ろうともしない。一番しわ寄せが来るのは、最前線なのにね。その戦略の背後にあるのは制度です。つまり、介護保険という制度がなかったら、あなたの仕事もないわけでしょう？　そう考えたときに、あなたはこれまで最前線の兵士だったのに、制度批判をずうっと禁欲してきましたよね。

髙口　うん。そうです。

上野　私はそれが気に入らなかった。あなたは、少ない持ち駒で最善を尽くすのが前線兵士の誇りだと思ってやってきて、問題だらけなのに、武器を補給したり、全体の作戦を考えたりする人たちを批判してこなかった。なんでなの？

髙口　上野さんの言うとおり、厳しい条件でもよりよい介護を実践することが現場の責務だと思っていたからです。また、現場のほうから上司や経営者に制度の不備を言っちゃいけないということを、中間管理職の姿勢として持っていました。だけど、改めて自分のやってきたことを今回振り返ってみたら、何も残っていない。もちろん、その瞬間、瞬間のお年寄りの笑顔とか、こんな介護ができたよという手応えはあります。

私が関わった施設がよりよい施設として、今後の発展性があるのかと問われると、現状の法律制度のままではとても難しいことがわかります。数としての人手不足に、人材育成の不備。そして、経営者たちの生産性を求める方向性に抗う術《すべ》も時間もなく苦しんでいるのが現状です。

上野　本当にそうです。あなたの話をずっと聞いていて、施設の状況も深刻だということがよくわかりました。ほんの些細《ささい》な穴から、根こそぎ崩れていくという感じがします。

高口　それでも施設には建物があって、お年寄りが一〇〇人単位でいるという状況がある。その規模によって利用者の次の受け皿がない限り、国、地域、家族、職員は悪い施設があったとしても潰すことができない。そう考えると、在宅の事業所は建物も小さいし人も少ないから、さらに厳しい状況でしょうね。

上野　そのとおり。コロナ禍のもとでの中小規模の在宅系事業所の倒産件数は相当なものです。たとえコロナ禍が去ったとしても、廃業したり倒産したりした小規模事業所に、再開する体力が残っているとはとうてい思えません。

高口　X施設会が施設をどんどん増やしているのは、数の多さによって身を守ろうとしているのかもしれないですね。

上野　なるほど、大きすぎると潰せないということね。だけど、成長路線には必ず限界が来ます。次々と新規開設の施設運営を任されたあなたとしては、望ましいと思う施設だったら、施設はもっと増えたほうがいいと思っていますか？

高口　施設が望まれているなら必要だと思います。

上野　誰が望むの？　お年寄り自身が望んで入ってくるわけじゃないことを、あなた自身がよく知っているよね。はっきり言うけど、家族のうば捨てに協力しているってことじゃないの。本人が望んで来るのでなければ、どうして本人や周囲が施設を望む条件をなくせばいいとは考えないの？

高口　施設を望む条件をなくすね……。そのお年寄りがいたいところにいられる、それに応えられる仕組みがあることが大事だとは思う。私たちの目の前には今、お年寄りがいるわけです。おそらく、入居することには当然不納得だけど、ここが終《つい》の棲家《すみか》になるというあきらめにも似た覚悟で施設に来たその人に、せめてここに来てよかったと思ってもらって、暮らしてほしい。その生活を支えるために私たち介護職はいるんだと、今、現場で働く人たちは思っている。だけど、上野さんが言うのは、そもそも行きたくもない施設に行かなくてもいいような仕組みなり形を考えろってことですよね。

そのためには「私もいずれ介護が必要になる」という社会の共通の認識のもとに、あきらめる前に、自分はどんな介護を受けたいかをひとりひとりが発言することが必要だと思う。でも、そうなるまでかなりの時間がかかるんじゃないかな。

上野　私はそう思わない。富山市のデイサービス「このゆびとーまれ」の惣万佳代子《そうまんかよこ》さんたちみたいに、自前で前例のない小規模介護事業を始めた、理想主義を掲げたグラスルーツの事業者たちがいます。「目の前にいるおばあちゃんをこの病院から出したい」そう思って「誰も断らない」小さなデイサービス事業所を作ったら、それを介護保険のもとで政治が追認して「地域密着型」という名前の制度になりました。変化ってそうやって起きるし、誰かが起こすものです。だから、誰が何を望むのかというのは、一番基本的な問いです。

高口　だけど、本人が望まない入居をせざるをえない状況があるのも今、現在の事実です。

上野　正直に言ってくれましたね。私が、介護保険の二三年の間に起きた現場の進化を見て感心したのは、在宅ひとり死というそれまで存在しなかった選択肢を生み出したこと。二三年前に介護保険ができたとき、これは自分のためにできたんだと思った。それから二三年間に現場は確実に進化し、スキルとノウハウが蓄積されてきました。人材も育ちました。かつて不可能だったことが可能になりました。でも、話を聞いていると在宅系と比べて施設系は、措置時代の施設とどこが違うのかと感じます。

髙口　個室・ユニットで見た目がきれいになって、介護実態の問題点が外側からより見えにくくなりました。そういう意味では措置時代より質が悪い施設もあるわけです。

小規模施設の未来

髙口　そもそもユニットケアは、当時、全国に現場の思いとともにふつふつとわいたようにできてきた、いわゆる宅老所とか「民間デイ」といわれたやり方をモデルにしたと聞いています。そのモデルになった施設が、先ほど上野さんも名前を挙げていた富山の「このゆびとーまれ」や福岡の「宅老所よりあい」です。富山型デイサービスはお年寄りだけではなく、障害のある人や子どもなど誰でも利用できる小規模な施設で、通い・訪問・泊まりなどその人に合わせたきめ細かいサービスを提供してきました。
私は今、「このゆびとーまれ」と同じ富山市にある「デイケアハウスにぎやか」にアドバイザーとして定期的に関わっています。「にぎやか」は、PTとして老健に勤務していた阪井由佳子さんが一九九七年に始めた民間デイです。今は、デイサービスの「にぎやか」と泊まりの機能もある「かっぱ庵《あん》」の二か所を運営しているんですが、自分はどうも人は育てられないとか、後継者を育てる仕組みは作れないということに漠然と気づいた阪井さんからの要望で、二〇二二年の春からアドバイザーとして入っているんです。

上野 阪井由佳子さんは、理想の介護を追い求めてそれが実現できないぐらいなら、と一度は「にぎやか」を閉めたこともあるほどの人。その阪井さんが悩んでいて、そこに大規模施設でずっと働いてきた髙口光子がアドバイザーになるなんて、おもしろい組み合わせですね。

髙口 入ってみて驚いたことの一つが、記録らしい記録が「にぎやか」にはほとんどないということです。

上野 ほほう、記録がない。そういうアバウトなNPOなどの小規模施設、いっぱいありますよ。それで回っているなら、それでいいじゃない。

高口　そう、記録もまともな会議もないんだけど、そのケアは、おむつよりトイレ誘導を大切にする、機械浴ではなくその人の力を引き出す個浴、最期まで好きな物を口から食べる、それから薬もどんどん外していく。

上野　へぇー、いいですね！

高口　現地に行ってよくわかったのは、「にぎやか」を利用されている本人や家族には、本当に困っているときに、代表の阪井さんに助けてもらったといういきさつがあるということ。既存の施設・病院・事業所から利用を断られて、誰も助けてくれない中で途方に暮れて阪井さんに電話したら、性別も障害の程度も聞かないで、「とにかく連れて来て」って言われて、あれは本当にうれしかったっていうエピソードがたくさんある。そして、薬漬けになったり、縛られたりという人たちが、「にぎやか」に来てだんだん元気になった。心から家族みんなが感謝している。仮に「にぎやか」で転倒したり、喉に食べ物をつまらせて死んでも、「にぎやか」で死ねたのなら本望ですという気持ちがある。ということは、事故が事故にならないということがわかった。このリスクマネジメント、すごいですよ。

だからこそ、現場で事故に一番厳しいのは阪井さんです。私たちが大規模施設で、せっせと記録書いて、せっせと家族に説明しているようなことから解放されていて、現場の介護職員が本当に伸び伸びと関われているのはすごくいいなとは思ったけども。

上野　けども……?

高口　それが、職員さんの自信とか誇りになっていないんですよね。利用者も職員も愛称で呼び合って、伸び伸びしている。職員さんからすれば、大事なのはお年寄りと職員が一緒になって今日どんだけ笑えるかということ。それを記録や申し送りで明日につなげるというより、今日このときだけがそこにある。大規模施設では、より細かく観察し、あらゆるチェック表も含めて記録し、職員がそれを確認したかどうかも記録する。そして、徹底した申し送りを繰り返す。

上野　職員にそういうアセスメントをシェアする必要がないと阪井さんが感じていて、自分の目の届く範囲で自分のやりたい介護ができればいいと思ってやってきたからじゃないの?

高口　そうなんです。阪井さんからすると、「私が見えているものは、みんな見えているはず」と思い込んでいるので、「なんでこれがわからんの！」とか言って職員を叱る。

上野　だから、自分の目の届く範囲のことを、すべて自分で仕切ろうと思っている。自分と同じことが職員にできると思うから、職員に対する期待水準は高いけれども、自分がいなくなったらアウト、そういう形になっているんですね。

大規模施設で働いてきたあなたにはすごいカルチャーショックかもしれないけど、富山型ってどれもやっている人のキャラが丸出しなのよ。大規模施設は介護を脱人格化し、標準化しようとします。でも小規模では標準化なんかできなくて、むしろ介護が人格化する。そこがいいんだと思う。

高口　たしかに。みなさん、思いひとつで運営している様子がうかがえます。富山型の仕組みが、経営者の個性を求めるんですね。それにしても、事業の後継者がいませんね。

上野　私は、小規模のＮＰＯの経営者たちに、後継者を考えているのかとずっと訊いてきました。でも、あるときそれが愚問だと気づいて、訊くのをやめました。ああ、これは個人商店なんだ、と思って。マニュアルとかテクニックというのは、どれだけ情報を脱人格化するかの手段です。人格から分離して、代替可能にするという組織の仕組みなんです。

富山型にはそういうマニュアルはない。個人商店と同じく、やっている人が元気で動ける間だけ続くのでかまわない。一つが潰れても、播《ま》いた種を誰かが受け取って、別の個人商店ができたらいい。そういう粟粒《あわつぶ》みたいなものが次々と生まれていけば、一定の層になる。それでいいじゃないかと、あるときふと思いました。

一つ一つの単位は小規模を超えられない。個人商店だから、いつも目が届く範囲。だから、粟粒みたいなちっちゃいものがいっぱい日本中にできる。それらが生まれては消え、生まれては消えして、一定の層を成せばそれでいいの。それを彼女たちは目指していると思った。私が取材したときには、富山型の普及のために、一期二〇人定員で月一回半年間の起業家育成講座をやって、受講生の起業率が五割超というから、播いた種は確実に全国に広がっています。つい先日も福島で、富山型のセミナー修了者で小さな看取りの家を立ち上げたという人に会いましたが、そうやって遺伝子が全国に飛び散っていっています。そうした小さな事業所をつないで、富山のケアネット活動や地域共生ホーム全国セミナーなど、横のつながりを作っています。

高口　粟粒を作っていくことと、経営継続と事業拡大は違うということですね。「にぎやか」の阪井さんは時間も場所も忘れ、無我夢中でお年寄りと関わってきたけど、何かが変わってきたことを感じ取った。自分は人生背負ってやっているのに、職員から利用者のことより先に労働環境優先のようなことを言われるものだから腹が立ったりする。

上野　世代が変わって、働く人のメンタリティが変わってきたということはたしかにあります。その背後には介護保険のおかげで、介護が食える仕事になったという制度の裏付けがあります。阪井さんは利用者からお金をもらうのは気が引けると言っていたけど、彼女だって対価なしのボランティアではやらないでしょう。仕事だからこそ人材が育ちます。

それに、この事業は一人ではできないということを彼女は痛感しています。年齢的なこともあるでしょうし、ペースダウンして、少しずつ自分の手を引いていっても回るようにしていくことが必要だと思うけれど、それで彼女が満足できるかどうか。制度がある限り事業は継続できるだろうけど、精神が受け継がれるかどうかは別の問題です。

高口　そういう意味で、共生社会、地域づくりの先頭を走ってきた富山型だからこそ見えてきた、小規模ならではの新たな問題と、これからの方向性を示してほしいと思います。「にぎやか」の提供しているケアとか、エピソードの一つ一つはすばらしいです。阪井さん、つまり富山型のゆるがない理念があるから。私がアドバイザーで行く大規模施設のケアはひどい。おむつつけっぱなしとか、すぐに身体拘束するとか。だけど、記録はぴしっとしてて、マニュアルもぱしっとできている。緊急時の対応もぱんぱんとできる感じ。外側はいいけど、中身がない。だから、ケアとは何かというところからいつもアプローチします。

私は大規模施設をそのままミニチュアにしたような小規模施設をさんざん見てきました。だから、「にぎやか」のケアはとても斬新で、みんながやりたいと思い描いていた介護をいくつも実践している。だけど、角度を変えて見てみると、これでいいのか？ってところが目につく。そのアンバランスはあります。

悪循環を生むもの

上野　大規模にも小規模にも、共通の敵がいるんですよ。介護保険改悪で、在宅も施設も同じように危機に来ています。施行から二三年が経過して、このあとどうなるかということを一緒に考えていきましょうよ。

高口　はい。制度の背景には、それを作った人、または当時の時代の人間に対する見方、考え方があります。

私たちが、学者と呼ばれる人たちから教えてもらいたいのは、この制度を発想した人、作った人のその向こうにはどういう考え方があったのかってことです。生産性とか、経済優先とか、それはどういう人間観に由来するのか、もっとわかりやすく教えてほしい。それが、お年寄りが不納得を納得に変えてでも施設に来ることと共通している価値観かもしれないんですよね。

上野　本当にそのとおり。

高口　現場の私たち介護職だからこそ訴えられるものがあるんじゃないかと思うけど、それが何なのかよくわからないんですよ。現場の私たちが社会的に発言して、それが充実したケアにつながるとは思えないまま、今日まで来ました。私は介護を仕事としてきた者として、誰に何をどう言ったらいいのかを上野さんから教えてもらいたい。

上野　あなたが言った「政策決定者たちの人間に対する見方、考え方」が決定的だと思う。政策決定者たちに大きな影響力を持つ圧力団体は経営者団体とか医師会とかいっぱいあるのに、介護に関しては介護職の団体も利用者の団体もなきにひとしい。私は二三年間、介護の現場を研究してきて、はっきりわかったことがある。それは、年寄りはこの程度でいいんだと、したがって年寄りのお世話をする介護職の処遇もこの程度でいいんだと政策決定者が考えているということです。

高口　なるほど。今回の監視カメラの問題もまったく同じですね。障害者や高齢者は、一方的にカメラで見られてもいい存在なんだっていう価値観。私は、これは真っ当な人間観と思えない。私がやっている介護塾という講座で強調しているのは、介護職が認知症がある人を何もわからなくなってしまった存在と決めつけることなく、「思いも考えも意思もある人」として出会うということです。意思のある人に出会うためには、私たちこそ「こういう介護をしたい」「介護ってこういうものだ」という自分にとっての介護とか、「理想の介護をしたい」という意思を持たないと、意思ある人としての利用者に出会うことができない。つまり、介護にならないんだということを伝えています。

上野　政策決定者たちの間に、自分たちもいずれ介護される側になるという想像力がないんですね。一つは、年寄りや子ども、障害者の処遇はこの程度でいいんだっていう考え方。

良心的な施設であればあるほど配置基準に上乗せする人件費が経営を圧迫し、そうなると、受け取るパイが同じだから一人あたりの分配が減る。配置基準を上げろという政治力を介護業界も保育業界も持たないのはなぜかというと、はっきり言って使い捨ての労働力だから。その理由は、介護職も保育士も、人のお世話をする仕事は女向きの仕事だと思われてきたからです。

高口　持続可能な介護状況を作るためには、省力化、安全管理。その具体的なやり方として、ＩＣＴの導入が必要だというのが今の国の方針ですよね。経営側は、人手不足に対応し、事故を含めて社会的な制裁を受けないようにして、なんとか労働争議を起こさないようにしようとしている。そして、現場ではできるだけ作業効率を上げようとか、事故・苦情を出さないようにしようとしている。

もちろん、これは悪いことではありません。ＩＣＴというのは、そもそも最新機器を使って人と人とのつながりを深めようというものなんだから。悪いことじゃないのに特養Ｅの現場はどんどん悪くなっていったんですよ。これはどう考えればいいんでしょう?

上野　好循環ならいいけども、それがネガティブな循環になっているということね。

まず、制度設計の初期条件の設定自体が低すぎたと思う。在宅系では訪問介護の報酬設定が低すぎた。しかも生活援助（初期は家事援助）と身体介護の二本立てにして、その間に大きな格差をつけました。それだけでも足りなくて、一時間の訪問を、二〇分とか四五分までに細分化してますます切り下げました。移動コストも待機コストもカウントしていない。政府はおそらく生活援助を介護保険から外したいと思っているでしょう。

ケアマネの報酬設定も低すぎます。だから独立性を保てなくて事業所所属を認めるという欠陥が、最初から制度に組み込まれていました。

施設に限って言っても、配置基準にもともと無理がある。介護保険の初期は施設志向が高まって法人が内部留保を蓄えたせいで、施設の報酬が切り下げられたけれど、利益を上げたのだって措置時代と変わらない集団処遇をしていたせい。ユニットケアが出てきてようやく、お年寄りの尊厳を守る個室が標準になるかと思ったら、あっというまにホテルコストの徴収を始めました。ユニットケアになって建築による制約が多くなったのに人手は増えない。そのうち定員すら一〇人から一五人に増えていた。こんなのユニットケアじゃないですよ。いつのまにか多床室もＯＫに戻って、それすら居住費を徴収しようとしています。介護事業の最大のコストは人件費です。人件費を抑えるには常勤職員を減らしてパートや非常勤を入れるしかない。それも離職率が高くて定着しないから派遣で穴埋めしてコストがもっとかかる。ICTで省力化っていうけど、現場の業務を減らすことを意図するのではなくて、はっきり言って省コスト化ですよ。

高口　省コスト化？

上野　うん、マンパワーとお金の両方ともコスト削減したいという意図です。でもそれ以前に、介護保険の初期の条件設定がひどすぎる。

高口　行政は、法定基準を作成し、実地運用を監督する、つまり最低限の基準を作って、指導するのが仕事なんでしょう。そこがあまりにお粗末じゃないの、ということ？

上野　そうですね。福祉経済学者の権丈善一《けんじょうよしかず》さんは、介護保険の問題はすべて財源問題一本に絞られたとはっきり言っておられます。これ以上報酬を上げたら介護保険料と利用者負担にはねかえる、現行の全国平均月額六〇〇〇円強の介護保険料はほぼ限界だと言う人もいる。介護保険は税と保険の折衷方式で半分は税金が入っているのだから、税金の投入の割合を増やせばいいという議論もあります。財源の問題は別にしても、経営側の最大の課題は省コスト化です。人手不足への対応を、介護職の人件費を上げて人手を手厚くする方向ではなく、人手不足のまま、その低い条件に合わせてやりくりすることを現場に押しつけている。だから好循環ではなくて、悪循環になっているわけ。

高口　そうか！　より働きやすい職場環境を作ることで、人をよりたくさん呼び込むようにして人手不足を解消するなら好循環になるけれども、安い賃金や働きにくい職場環境をそのままにして、少ない人数でなんとかしろというのが悪循環を生んでいる、ということか。私は悪循環の中でよい介護を瞬間的にでもやりとおすのが誇りとか言っていたんですね。

上野　そのとおりです。

高口　たとえば、事故の予防とか、苦情の対応をごく基本的なところからやっておけば、起こさなくていい事故や苦情はもちろん起きない。特養Eの入浴事故だって、原因が介護職の劣悪な労働環境にあることが、私は内部に入って初めてわかった。だけど、そこには手をつけないで、事故による社会的糾弾を受けないようにと監視カメラなどを使って一方的な証拠をつきつけ、物を言わせないようにするという方向は、悪循環を生むということですよね。

上野　そう。当事者主権の反対に位置するのはパターナリズムです。パターナリズムが横行しているのは医療と福祉の世界。「あなたのため」という善意が陥りやすいのがパターナリズムです。ですから事故と苦情が社会的制裁にもつながるわけですよ。

悪循環ということでいうと、サービスの供給量が抑えられているから、利用者に選択肢がない。やっと施設に入れたって家族が狂喜するような状況だったら、そこを出て行ったら行き場を失うことになるじゃない。

以前あなたに、制度に対して注文がないのかと問いかけたときに、たった一つ、答えが返ってきたことがありましたよね。「質の悪い事業者が退出できるような仕組みがあればよい」と。私もそれに一〇〇パーセント賛成です。どんなに批判があったとしても、介護保険によって福祉の準市場化が成立したことはよかったんです。市場化には、効率と競争がある。競争があるというのは、選択肢があるということです。その選択肢が抑えられてきたことが問題です。それに加えて、誰が選択をするのか、意思決定するのかということと、どういう基準で選択をするのかということがずっと問題でした。

日本の介護サービス市場で、良貨が悪貨を駆逐するんじゃなくて、悪貨が良貨を駆逐してきた理由が二つあります。一つ目は意思決定者が家族だということ、二つ目は判断基準が価格だということ。結局、家族が価格訴求でサービスを決めている。サービスの受益者と購買者が違うからです。だから業者はフトコロからお金を払う人の顔しか見ない。そのお金が年寄りのものであっても、管理しているのは家族だから。それでも利用者をマーケットの消費者と言えるようになっただけマシだと思っています。なぜかというと、マーケットというのは市場選択が行われる場所だから。選択をするためには、必ず選択肢がないといけないのに、行政も経営側もできるだけ選択肢を抑制しようとしています。

高口　そういう状況の最前線で介護職が苦戦しているということ？

上野　結局のところ、選べない状況の中で、選ぶとすると、「近い」「安い」「すぐ入れる」でしょう。これは全部、本人じゃなくて家族のニーズですよね。これから先、保険外サービス市場が出てきたら、家族が価格訴求だけで選ぶ、質の管理も行政の監視も何もない業者が自由市場にいっぱい出てくるでしょう。中には貧困ビジネス的な悪質な業者も混じってくるでしょう。

だからこそ私は当事者主権を強く主張してきました。これから先、そういう自己主張のできる利用者が出てきたら、ちゃんとした業者が生き延びて、そうじゃない業者が淘汰されるようになればいいんだけどね。淘汰されるだけの数がないのが現実です。

高口　上野さんが言うのは、よりよい消費者がいてこそ、よりよいサービスが残るということ、それから、私たちサービス提供者と対等な関係で、主体が明確にある賢い消費者を、介護現場が選べる状況を提示しながら育てなきゃいけないということですね。よくわかりました。

私は今まで、主体が崩壊して、生きてても死んでてもどちらでもよい、という利用者が「もう一度生きていきたい。自分らしく暮らしたい」という主体の再獲得へとつながる介護にこだわってきました。これからはその主体とともに私たちも成長していかなければ。

現場が声を上げなければ介護は崩壊する

上野　変化がどこで起きているかというと、利用者と事業者やワーカーとのインターフェースの現場です。富山型小規模多機能デイサービスは最初、制度の中にないメニューでした。制度の中にない事業を、彼女たちがオリジナルで作った理由は何か。なぜなら、そこにニーズがあったからです。そのインターフェースの現場にいるのが、利用者の一番近くにいる介護職なんです。

高口　今困っている人がいて、そこに喫緊のニーズがあって、それを介護職は一番そばにいるので肌で感じることができる。それを見捨てない直接的な関わりが可能な者だということですよね。

上野　そう、このインターフェースが制度を変えてきたの。宅老所や民間デイの活動が、小規模多機能型居宅介護などの地域密着型のメニューを介護保険の制度の中に生んできました。すべて民間が始めて、行政が追認したものばかり。役人が机上で考えついた事業ではありません。それどころか、制度はむしろ、富山型のような「子ども、障害者からお年寄りまで」ニーズのある人は誰も断らないという「共生型」サービスの壁になってきた。その壁を壊してきたのも民間の活動でした。介護保険二三年の間に、在宅系ではこれだけの民間の動きがあったのに、施設では何が起きたのだろう。むしろ施設は制度に守られてきたのでは？

施設で現場のインターフェースを一番よく知っているあなたから、制度の何が欠陥で、どこをどう直せば私たち施設職員はもっと働きやすくなるよということを発信してほしい。そういう制度批判を、一番よくわかっている現場の人以外、いったい誰にできるの。それがあなたの責務だと思う。

高口　私は現場のインターフェースでしか見えないこと、聞こえないことを、言葉にして伝える。そして、どんな仕組みが必要なのかとか、どんな教育が必要なのかとか、どんな裁量権が現場に必要だというようなことを具体的に発信していけばいいんですよね。

上野　そのとおりです。施設職員の配置基準が四対一になっちゃったらどうなるの？　黙っていていいの？ってことです。四対一がウエルカムな施設経営者はいると思う。コスト削減という点では、国と利害が一致していますからね。

高口　私は、その悪い条件の中で、よい介護を維持して、黒字を守るということをずっとやってきたということですね。それに関して私は誰にも負けないよ、みたいなところがあったのも事実。条件が厳しければ厳しいほど、やってやろうじゃないかって。

上野　そう。あなたのやってきたことは一歩間違ったら、罪つくりになりかねない。現場のプロフェッショナルの誇りが制度の改善をはばむのよ。その昔、樋口恵子さんが「よい嫁は福祉の敵」とうまいことをおっしゃった。責任感の強い嫁が自宅で夫の両親を介護して看取るのが、介護の社会化を妨げているという意味ですが、現場の介護職がこれと同じようなメンタリティじゃまずいよね。

髙口　ほんと、今までの私だったら、四対一でもこうすればできるって現場で旗を振っていましたね。それがどれだけ介護を貶《おとし》めていくことなのか、気づきました。

在宅介護の限界って？

上野　措置時代はうば捨てのイメージが強かったから、「親を施設に預けています」とは公然とは口にできませんでした。

髙口　当時は「病院に入っています」って言うほうが、家族は気が楽だったですよね。それが社会的入院を助長し、最初に私が働いた老人病院などが社会問題化したわけです。

上野　それが今、介護保険施行から二三年が経過して、「親を施設に入れています」と堂々と言えるようになりました。つまり施設は誰のためのサービスかというと、家族のためのサービスになっているということ。あなたはいつも「利用者・家族」ってまとめて言ってきましたよね。私が、あなたに「利用者って誰のこと？」ってしつこく聞いてきた理由はこれです。

私は、「うちの親は施設に入っています」って言う人に、「親御さんが今、入っていらっしゃる施設に、あなたも将来入りたいと思われますか？」って聞きますが、「はい」って即答する人はいません。

高口　上野さんが言っているのは、在宅ひとり死というのはありうると、その人の家族も含め、一般の人にまず知ってほしいということですよね。それをもう少し身近な具体例として示せたら、いいと思う。あなたの地域にはこのサービスがあるから、最期まで一人で暮らせますって具体的事例をもって伝える。

上野　そうなの。在宅ケアと家族ケアは違います。私は、お年寄りが「家に帰りたい」というのは、「家族と一緒に暮らしたい」ということと同じではないと言い続けてきました。誰もいないおうちでも、年寄りはおうちにいるのが好き。ところが、家族も地域も、年寄りを一人で家に置いておけないと思っています。

私は若い人に話すとき、「独居の在宅ケアが成り立つということは、あなたたちのためになるんだよ。年老いた親を家に一人で置いておいてかまわないということは、あなたが安心して離れて生活できるということだよ」と言っています。

それなのに、ケアマネが「在宅の限界」と言って脅して、施設入居を勧めます。施設入居が「上がり」という考え方は本当にやめてほしい。

高口　認知症になったり体が不自由になったら施設入居、って世間が思っているから、いい施設選びについて教えてほしいという取材が、最近増えました。ある雑誌の若い記者に、あなたも施設に入りたい？と聞くと、「認知症や寝たきりになったら入らないといけないでしょう。それ以外に何かあるんですか」って言うんですね。一般の人が、将来、認知症が進んだら、施設に入ってロボットに介護されるんだと平然と言うけど、どういうイメージなんだろう。介護施設の実態を知らない、いや、知ろうとしないのか。

上野　たぶん、両方でしょう。若い人たちに想像できるとは思えない。特にテクノロジー系の人たちが、「これからはＡＩ介護です」とかって言うのを聞くと、バカヤローと思う。ＡＩ保育やるって誰か言う？　言わないよね。子どもをロボットで保育するって言ったら、親は怒りますよ。人間が育つのは人間の間でだけという一番基本的なところは誰でもわかりますから、保育についてはＡＩ化なんて誰一人言わないのに、年寄りについてはこんなに簡単に言うのは、つまり、年寄りってこの程度でいいんだと思っているから。年寄りには人格がないとすら思っている。だから、最後は施設でいいと思っているのでしょう。

質の悪い介護がなくならない理由

髙口　「どのタイミングで施設入居を考えたらいいですか？」と、一般の人に聞かれることがあります。あなたがその家にいたいと思えば、家にいればいいし、家にいるのが嫌ならば施設に入ればいいと答えています。しかし、このような答えでは納得されないようで、施設入居の判断に自分の意思を反映できるとは思えないようです。

認知症になったら周りに迷惑をかけたくないので施設入居が当たり前、という思い込みがありますよね。テレビの解説者から、「誰だって認知症になったら入らなきゃいけないでしょう、もうそれしか選択肢ないですよね」って言われたこともあります。

上野　問題は施設入居以外の選択肢が知られていないことです。選択肢が増えていることを、利用者だけでなく介護現場の人も知らない。これは、マスコミが罪深いと思います。認知症になったらもう終わりみたいに、さんざん脅かしてきましたからね。
それに、マーケットに競争がなきゃいけないのに、競争がないから、特養Eのようなところが生き延びているわけでしょう。
高口　そうですね。私の立ち上げた静岡の老健が一定の評価を得られるのは、周りの施設にいまだに身体拘束や薬漬けで最後は精神科に送るみたいなことが蔓延しているからなんですよね。結局、介護が社会一般に通じるケアのスタンダードをいつまでも持たないことが問題なんですよね。
上野　そういう質の悪い施設が淘汰されないでしょう。介護職がもっと内部告発をしてくれればいいのにって思う。日本の介護のマンパワーへの予算の投入は、福祉先進国に比べると圧倒的な差があります。たとえば、デンマークの在宅ヘルパーの給料は一か月、高卒三年目で四八万。ただし、税率が五〇パーセントぐらいですから手取りは日本とあまり変わりませんが、福祉が充実しているので貯金の必要がありません。
高口　ということは、手取りは二四万ぐらいか。

上野　身分はコミュニティーワーカー、つまり、自治体雇用の公務員ですね。日本の場合は介護保険を作った時期に、公務員削減が至上命令でしたから、その選択肢はありえませんでした。介護保険は福祉のネオリベラリズム（新自由主義）改革の一環だったんです。

髙口　今、国は原則的に地域包括ケアシステムとか、在宅福祉を進めている。施設よりも在宅のほうが社会保障給付費が少なくて済むと言われているから。制度もできるだけ在宅のほうに向くように介護報酬も見直されていく。なのに、いまだに最後は施設という固定観念が根強いのは、どこに原因があるんですかね。

上野　原因は二つあると思います。一つは先ほども言いましたが、選択肢が増えたことをケアマネも利用者も知らないということです。ケアマネが「そろそろ施設へ」と誘導したりします。それともう一つは、地域の包摂機能よりは排除機能のほうがはるかに強く働くということです。「家族がいながらなんでほっとくんだ、年寄り一人で置いといていいのか」とか、地域住民からクレームが来るのに抵抗できないからです。

髙口　ああ、たしかに。「アパートに年寄り一人で暮らさせるな」とか、「火を出したらどうするんだ」とかね。おひとりさまの老後も、持ち家でなきゃ無理ですね。

上野　高齢者福祉の条件は、居住を確保した上で、年金保険と医療保険と介護保険、この三点セットが前提です。日本の高齢者は持ち家率も高く、日本にはこれだけの国民強制加入の保険が整備されています。北欧のような福祉先進国には及ばないけれど、アメリカのような社会と比べて、日本は福祉国家の中ではマシな社会なのです。

それだけでなく、日本の介護は予算とマンパワーの投入量は福祉先進国に劣るけれども、介護職のケアの質、特に在宅ケアの質は世界に誇れるレベルだと私は確信を持っています。介護保険制度で介護をプロの仕事にした、無資格でできる仕事にしなかったことがものすごくよかったのです。たとえ初任者研修のような短期の研修であっても、有資格職の、しかも食える労働になったということで、ケアが初めて価値のある労働とみなされるようになりました。そういうふうに国民の常識が変わった。他人に介護を受けたら対価が伴うのは当たり前のこと、ということがわかるようになりました。

その間に独居高齢者世帯が増えて、家族もおらず、施設にも入れず、いやも応もなく在宅で死んでいくしかない人たちが出てきました。独居の在宅看取りに関しても介護職たちの経験値が上がってきて、あれ、やってみたらできるってなった。これはすごいこと。これまでできないと思われてきたことができるようになったんです。

高口　それが、さっき上野さんが言ったように、この現場の経験値を一番知らなきゃいけないケアマネに届いてないんですよね。だから、簡単に在宅はもう無理ですよって言う。

上野　そうなのよ。在宅看取りの経験値を積んだ訪問看護師が「看取りに医者はいりません」って言い出しました。「医者の役割は死亡診断書を書くだけです、私たち看護師だけでお看取りができます」って。そのうち経験値を積んだ介護職が「お看取りに医者も看護師もいりません、私たちだけでできます」って言うようになりました。現場の人たちが自信をつけてきたんです。

現場の経験値が上がったことは、すごく大きい変化でした。二三年前にはなかった新しい選択肢が生まれて、これだけ現場が動いてきているのに、不勉強なケアマネはそれを知らないで、ネガティブキャンペーンばかりやっているみたいに思えます。ケアマネさんに、「在宅の限界」って、「誰が、いつ、どういうときに判断するんですか」って聞いてみたら、「異食行動があったから」と言うんです。「夜中に冷凍食品かじった跡がありました」って。

高口　えっ、冷凍食品じゃあ死なないですよね。なんで問題なの？

上野　でしょ？　死ななきゃ放っておけばいいんです。「ほかには？」って聞くと、「夏、独居のお年寄りの家に行ったら、すっぽんぽんで家にいた」って。えっ、何が悪いんですか？　自分の家だし。誰が困るんですかってギリギリ問い詰めたら、ついに、「私たちが困ります」っておっしゃいました。そして、「もし、上野さんがそういう状態だったら平気ですか」って反撃されたから、「私はすっぽんぽんでも平気です」と答えました。もちろん元気なじいさんがすっぽんぽんで若い女性介護士を待っている、というのはセクハラですよ。

現場の「困難事例」を聞いても、それの何が問題なんですか？　誰が困るんですか？　本人が困ってなきゃいいじゃないの、ということばかり。ケアマネはいったいどこに顔が向いているんだろう、と思います。

日本で静かに始まる「PLAN 75」

高口　「PLAN 75」という映画が話題になりましたよね。七五歳になると本人に死の権利を与えられるという近未来の話。あの映画を観《み》て、あんなふうになったら困りますねってことよりも、今、日本は静かに「PLAN 75」始まってますよって思いました。

脳梗塞などで救急搬送されて、命は助かったけど、嚥下《えんげ》障害や片マヒがあって、認知症の症状も出てきたりすると、急性期病院からリハビリ病院へ転院になる。リハビリ病院は生活の場ではないので、自宅に戻るか次の行先（病院や施設）を探しなさいと言われます。ここで自宅を選択できない場合、介護施設や療養型病院などへ移ることになります。療養型病院にも、医療型と介護型（二〇二四年で廃止予定）というのがあって、新たに介護医療院というのも創設されてるし、介護保険施設にも、特別養護老人ホーム、介護老人保健施設をはじめ有料老人ホーム（住宅型・介護型）などがある。そのほかにもサービス付き高齢者向け住宅（サ高住）など、さまざまな入居型サービスがあります。このような状況では、本人や家族が自宅に帰るというかなり強い意思があって、地域の介護サービスの情報を持っていない限りは、病院のケースワーカーに「自宅では難しいですよね～」と言われて、自宅で生活する決心をするのは難しい。これ、もう「PLAN 75」ですよって思いましたね。

上野　あれはヤな映画だと思いました。与えられるのは「死の権利」だけなんですから。どうして「生の権利」への選択肢が提示できないのかしら。あの映画のエンディングを見ると、死を選択しなかった主人公の人生には何の展望もありません。この先、あなたはこうやって生きていけますよという選択肢がない。お年寄りは死ぬために生きているわけじゃない。「今」を生きているんです。この世の中で介護がお手上げになったあとは、死への権利だけが与えられるなんてひどすぎます。

私たちがずっとやってきたことは、生への権利をどうやって確保するかということ。介護保険を作って、病気になっても介護が必要になっても生きていける社会を目指したはず。高口さん自身も、認知症になっても寝たきりになっても生きていけるよという現場を作ってきたわけですよね。

安楽死のドキュメンタリー番組を観て思うのは、死を選ばなかったらこちらの選択肢がありますよという代替選択肢が示されていないことです。選択肢はいつも死の方へと、一つしかありません。ALS（筋萎縮性側索硬化症）の患者さんがなぜ人工呼吸器をつけないかといったら、呼吸器をつけたあとにこうやって生きていく方法がありますという選択肢がきちんと示されていないからです。代替可能な選択肢がないところでは自由な選択なんかありえません。

高口　自由選択があるように見せて、いかにも本人に選ばせたかのようにして、そこにはもっときつい縛りが生まれていくということですよね。こういうのも、政治の問題なんですかね。「人に迷惑をかけるな」みたいな風潮が強くなっている感じ、ありますよね。五〇代の普通の人が、将来認知症や体が不自由になったら施設に入らないといけないと思っていて、そこでロボットに介護される未来を漠然と想像していると聞いてがっかりします。介護は人にかける迷惑の後始末と思われている。介護は、人と人とのつながりから人が生きていく力を引き出すことだと、伝え切れていないとつくづく思います。

上野　そこね、人に迷惑かけることを弱みと感じるかどうかの問題でもあるの。裏返せば、人間は役に立たなきゃいけないのか、役に立たなきゃ生きていちゃいかんのかと言いたいです。

高口　うまく言葉にできなかったけど、今、上野さんの話を聞いて、もう世の中そうなってるよとなんとなくみんな思っているけど、でも違うよ、と私は言いたいんだ。生産性なんかでとやかく言われずに、本人が生きたいと言うなら生きようじゃない。生き残った人がごく自然に穏やかに何もしないで死ぬのを望むのなら、それに応えよう。私はそこを応援していきたいんです。尊厳死とか安楽死とか死ぬときどうする?ということばかり言うけど、尊厳生を支えるのが私たちの仕事だと思った。今回、よい介護とは何かっていう話をしたけど、ここを世の中にきちんと発信していくことを、私のこれからの仕事とします。

上野 最後まで人の役に立つことを是とするような価値観が広がってきているのは、この三〇年ぐらい、九〇年代からネオリベラリズム改革が進んできて、人に迷惑かけたくない、人の世話にはなりたくないという価値観が社会を覆ってきたからです。

こんな事例があります。コロナ禍で困窮する女性のための相談会に来たシングルマザーに生活保護の受給を勧めたら、「そんなこと言われるならもう二度と来ません」と言われたそうです。生活保護を受けることは恥だと思っているのね。時代がそういうメンタリティを作ってきたんじゃないでしょうか。

高口 世話にならずに生きていくとか、迷惑かけないで暮らしたい、たしかにそういう社会風潮は強くなってきているのかもしれない。自己責任なんていうことが言われ出したのも、数十年前って感じがしますよね。

でも、「人に迷惑かけずに生きてます」とか、「私は人の世話にはなりません」なんていうのは、どれだけ傲慢なことだろうと思う。人が暮らしていくのに、そんなことはありえない。生きていくために、どれだけ他人の手が必要になったとしても、それは、お互い様なので、今を生きているこの人の、生きるための時間、空間を人として支えていく。これが私たちのやっている介護という仕事です。

上野　そう、そこに一番関わる介護の仕事を、今しっかり守っていかなきゃいけないと思っています。介護保険ができたおかげで、お年寄りのお世話をすることが職業になった。介護が食える仕事になった条件を作ったのが制度です。介護保険ができたおかげで、今のあなたの仕事が成り立っている。そして、一人暮らしで家族がいない人でも、介護があれば、在宅看護も在宅医療もその力を発揮できるんです。在宅医療の担い手が増えてきたのは心強いけれども、介護は医療に取り込まれないでほしい。何度でも言いますが、利用者の一番近くにいる介護職が、「医者や看護師より、利用者の一番近くにいる私たち介護職が利用者のことを一番よく知っています」と、胸を張って言えるようになってほしいんです。

髙口　在宅では、さっき話に出た「にぎやか」や「このゆびとーまれ」など宅老所の実践がケアの世界を変えていったんですね。当時どこにも行き場のなかった、目の前の認知症のお年寄りの生活を支えてきた。その実践がだんだん広がっていき、認められ、在宅で暮らし続けられる介護のバリエーションが生まれて制度化されてきた。出会ってしまったから見捨てられないという気持ちで、目の前の人に対する自分の気持ちに正直に応えた結果、それがシステムとなり、制度になっていったという流れがある。

「うちの親は片マヒです。私は同居できないけど、本人が望む場所で、一人で暮らしています。本人は一人暮らしで落ち着いています。隣近所に迷惑かけるかもしれないので、時々行って挨拶しているんですよ。いつ亡くなるかは誰にもわからないので、死に目には会えないかもしれないけれど、親が最期まで好きなところで好きなように暮らせるなら、私はそれでいいと思います」。そういうことが、「親を施設に入れています」と同じぐらいおおらかに言えるようになればいいわけですよね。そういう声を大きくしていくというか、こっちの選択肢をもっと見えるようにしていけるといいんですね。

上野　はい。おっしゃるとおりです。在宅ひとり死ができるようになった選択肢は、現場の経験値と進化が生み出したものです。介護保険という制度ができ、介護で事業が成り立つようになり、介護を職業として生活できるようになった人たちが育った。その先駆者たちの二三年間の進化がすごかったということです。介護保険の二三年間という時間が、確実に現場の経験値を高め、スキルを進化させてきました。そしてその間に、たくさんのすばらしい実践や人材を生み出しました。あなたのような人材が生まれた背景には介護保険制度があるってことを忘れないでください。ですから、一緒にこの制度を守るだけでなく、育てていきましょう。

おわりに　私が今言うべきこと

髙口光子

「大規模施設でもよりよい介護の実現はできる」

　そんな信念で、私は三〇年以上介護の現場で突っ走ってきました。それが突然、信頼していた法人の事業部長から「あなたの籍が来年はない」と言われました。あのとき、経営者である代表から一方的に罵倒されて私は何も言い返せず、声を上げることもできなかった。今思うと、重度のショック状態でした。自分の身に起きたことですが、なんでそうなったのかをしばらく咀嚼《そしゃく》できませんでした。

　でも、今回、上野さんとお話しして整理することができました。それは、介護事業の省力化と、安全管理の名のもとに、介護保険財政の安定を利用抑制で進める国と行政の「方針」のもと、人手不足に追われ、社会的制裁や労働争議をとにかく受けない、起こさないことに追われていく経営者と、何のためにどのような介護を作り上げていくのかが不明確なまま、国の「方針」の先読みばかりにこだわる経営者の言っていることとやっていることの違いを示すだけの「理念」の中で、作業効率を上げること、事故や苦情をあからさまにしないこと、職員を辞めさせないことに追われていく介護現場の、その構造と実態です。

経営者とよい介護を求めて現場で取り組んだ者の行き違いがどうして起きるのかを、上野さんという介護の経営者でも現場の人でもない利用者目線の研究者に話すことで、これは私だけに起こった特殊な問題ではなく、日本の介護全体のことなんだと気がつきました。そして、安直な生産性・誤った効率性に翻弄されて「人」を見ない介護が、人との関わりで人を活かすという真なる生産性を落とすことになる構図も理解できました。

また、よい介護を実践するにあたって、介護する側の人間が、介護の経営者や仕事に携わっていない、利用者やその家族、そして利用者予備軍である人々に向けて直接発信する大切さがわかりました。

令和に入って以降、介護現場は、ますます厳しい状況に直面しています。それは、今までの集団処遇を反省して個別ケアを実践しようとする現場の方向を逆行させる国の方針と、それに振り回される経営者からの指示によってです。今までは、どんな厳しい状況でも目の前のお年寄りの「今・ここ」を支えることが、私たち介護側の使命だと思って、現場にしか目を向けていませんでした。しかし、制度というものに対して、使いこなしたり使われるばかりでなく、仕事として介護をする者たちが、お年寄りの「生きる・暮らす」を支えるためにはこれが必要だ、という声を上げていかないと、私たちのやりたい介護がどんどんできなくなっていくこともわかりました。

上野さんは、「ケアは人と人との関係性」だとおっしゃっています。そうすると、介護保険というのは、人と人との関係を支えることを保障する制度です。

今回、上野さんに声をかけていただき、介護保険改定に対して声を上げていく活動にも参加しました。この経験から自分のいた現場を俯瞰《ふかん》することができたと思っています。これからも、介護現場にいる人間として「よい介護とは何か」を考えるためにも、時々、こうやって上野さんとお話ししたいと思います。

上野千鶴子（うえの　ちづこ）

一九四八年、富山県生まれ。社会学者、東京大学名誉教授、認定NPO法人ウィメンズアクションネットワーク（WAN）理事長。著書に『おひとりさまの老後』（文春文庫）など多数。

高口光子（たかぐち　みつこ）

元気がでる介護研究所所長。病院・介護施設で、リハビリチーム・ケアチームのリーダー、新規事業開発責任者、管理責任者を歴任。著書に『介護施設で死ぬということ』（講談社）ほか。

「おひとりさまの老後《ろうご》」が危《あぶ》ない！
介護《かいご》の転換期《てんかんき》に立《た》ち向《む》かう

二〇二三年一〇月二二日　第一刷発行

集英社新書一一八三B

著者……上野千鶴子《うえのちづこ》／髙口光子《たかぐちみつこ》

発行者……樋口尚也

発行所……株式会社集英社

東京都千代田区一ツ橋二-五-一〇　郵便番号一〇一-八〇五〇

電話　〇三-三二三〇-六三九一（編集部）

〇三-三二三〇-六〇八〇（読者係）

〇三-三二三〇-六三九三（販売部）書店専用

装幀……原　研哉

印刷所……大日本印刷株式会社　TOPPAN株式会社

製本所……加藤製本株式会社

定価はカバーに表示してあります。

 ISBN 978-4-08-721283-9 C0236

Printed in Japan

a pilot of wisdom

集英社新書　好評既刊

政治・経済――A

- 世界を動かす巨人たち〈政治家編〉　池上 彰
- 安倍官邸とテレビ　砂川浩慶
- 普天間・辺野古 歪められた二〇年　宮城大蔵／渡辺 豪
- イランの野望 浮上する「シーア派大国」　鵜塚 健
- 自民党と創価学会　佐高 信
- 世界「最終」戦争論 近代の終焉を超えて　内田 樹／姜 尚中
- 日本会議 戦前回帰への情念　山崎雅弘
- 不平等をめぐる戦争 グローバル税制は可能か？　上村雄彦
- 中央銀行は持ちこたえられるか　河村小百合
- 近代天皇論 ――「神聖」か、「象徴」か　片山杜秀／島薗 進
- 地方議会を再生する　相川俊英
- ビッグデータの支配とプライバシー危機　宮下 紘
- スノーデン 日本への警告　エドワード・スノーデン／青木 理 ほか
- 閉じてゆく帝国と逆説の21世紀経済　水野和夫
- 新・日米安保論　柳澤協二／伊勢﨑賢治／加藤 朗
- 世界を動かす巨人たち〈経済人編〉　池上 彰
- アジア辺境論 これが日本の生きる道　内田 樹／姜 尚中
- ナチスの「手口」と緊急事態条項　長谷部恭男／石田勇治
- 「在日」を生きる ある詩人の闘争史　金 時鐘／佐高 信
- 改憲的護憲論　松竹伸幸
- 決断のとき――トモダチ作戦と涙の基金　小泉純一郎／取材・構成 常井健一
- 公文書問題 日本の「闇」の核心　瀬畑 源
- 国体論 菊と星条旗　白井 聡
- 広告が憲法を殺す日　本間 龍／南部義典
- よみがえる戦時体制 治安体制の歴史と現在　荻野富士夫
- 権力と新聞の大問題　望月衣塑子／マーティン・ファクラー
- 「改憲」の論点　木村草太／青井未帆 ほか
- 保守と大東亜戦争　中島岳志
- 富山は日本のスウェーデン　井手英策
- スノーデン 監視大国 日本を語る　エドワード・スノーデン／国谷裕子 ほか
- 「働き方改革」の嘘　久原 穏
- 国権と民権　佐高 信／早野 透
- 限界の現代史　内藤正典

a pilot of wisdom

除染と国家 21世紀最悪の公共事業 　日野行介
安倍政治 100のファクトチェック 　南彰／望月衣塑子
「通貨」の正体 　浜矩子
隠された奴隷制 　植村邦彦
未来への大分岐 　マルクス・ガブリエル／マイケル・ハート／ポール・メイソン／斎藤幸平・編
「国連式」世界で戦う仕事術 　滝澤三郎
国家と記録 政府はなぜ公文書を隠すのか？ 　瀬畑源
水道、再び公営化！ 欧州・水の闘いから日本が学ぶこと 　岸本聡子
改訂版 著作権とは何か 文化と創造のゆくえ 　福井健策
朝鮮半島と日本の未来 　姜尚中
人新世の「資本論」 　斎藤幸平
国対委員長 　辻元清美
アフリカ 人類の未来を握る大陸 　別府正一郎
〈全条項分析〉日米地位協定の真実 　松竹伸幸
日本再生のための「プランB」 　兪炳匡
新世界秩序と日本の未来 　内田樹／姜尚中
世界大麻経済戦争 　矢部武

中国共産党帝国とウイグル 　橋爪大三郎／中田考
安倍晋三と菅直人 　尾中香尚里
ジャーナリズムの役割は空気を壊すこと 　森達也／望月衣塑子
代表制民主主義はなぜ失敗したのか 　藤井達夫
会社ではネガティブな人を活かしなさい 　友原章典
自衛隊海外派遣 隠された「戦地」の現実 　布施祐仁
北朝鮮 拉致問題 極秘文書から見える真実 　有田芳生
アフガニスタンの教訓 挑戦される国際秩序 　山本忠通／内藤正典
原発再稼働 葬られた過酷事故の教訓 　日野行介
北朝鮮とイラン 　福原裕二／吉村慎太郎
歴史から学ぶ 相続の考え方 　神山敏夫
非戦の安全保障論 　柳澤協二／伊勢﨑賢治／加藤朗／林吉永
西山太吉 最後の告白 　西山太吉／佐高信
日本酒外交 酒サムライ外交官、世界を行く 　門司健次郎
日本の電機産業はなぜ凋落したのか 　桂幹
ウクライナ侵攻とグローバル・サウス 　別府正一郎
日本が滅びる前に 明石モデルがひらく国家の未来 　泉房穂

社会——B

a pilot of wisdom

女性差別はどう作られてきたか　中村敏子
原子力の精神史――〈核〉と日本の現在地　山本昭宏
ヘイトスピーチと対抗報道　角南圭祐
世界の凋落を見つめて クロニクル2011-2020　四方田犬彦
「自由」の危機 ――息苦しさの正体　藤原辰史　内田樹ほか
「非モテ」からはじめる男性学　西井開
妊娠・出産をめぐるスピリチュアリティ　橋迫瑞穂
マジョリティ男性にとってまっとうさとは何か　杉田俊介
書物と貨幣の五千年史　永田希
インド残酷物語 世界一たくましい民　池亀彩
シンプル思考　里崎智也
韓国カルチャー 隣人の素顔と現在　伊東順子
「それから」の大阪　スズキナオ
ドンキにはなぜペンギンがいるのか　谷頭和希
何が記者を殺すのか 大阪発ドキュメンタリーの現場から　斉加尚代
フィンランド 幸せのメソッド　堀内都喜子
私たちが声を上げるとき アメリカを変えた10の問い　和泉真澄　坂下史子ほか

「黒い雨」訴訟　小山美砂
差別は思いやりでは解決しない　神谷悠一
ファスト教養 10分で答えが欲しい人たち　レジー
非科学主義信仰 揺れるアメリカ社会の現場から　及川順
おどろきのウクライナ　橋爪大三郎　大澤真幸
対論 1968　笠井潔　絓秀実
武器としての国際人権　藤田早苗
小山田圭吾の「いじめ」はいかにつくられたか　片岡大右
クラシックカー屋一代記　涌井清春　金子浩久構成
カオスなSDGs グルっと回せばうんこ色　酒井敏
「イクメン」を疑え!　関口洋平
差別の教室　藤原章生
ハマのドン 横浜カジノ阻止をめぐる闘いの記録　松原文枝
なぜ豊岡は世界に注目されるのか　中貝宗治
続・韓国カルチャー 描かれた「歴史」と社会の変化　伊東順子
トランスジェンダー入門　周司あきら　高井ゆと里
スポーツの価値　山口香

医療・健康――Ｉ

a pilot of wisdom

体力の正体は筋肉　樋口 満
ガンより怖い薬剤耐性菌　三瀬勝利／山内一也
本当はこわい排尿障害　高橋知宏
心療眼科医が教える その目の不調は脳が原因　若倉雅登
定年不調　石蔵文信
悪の脳科学　中野信子
女は筋肉 男は脂肪　樋口 満
出生前診断の現場から　室月 淳
すべての不調は口から始まる　江上一郎
赤ちゃんと体内時計 胎児期から始まる生活習慣病　三池輝久
スポーツする人の栄養・食事学　樋口 満
免疫入門 最強の基礎知識　遠山祐司
コロナとWHO 感染症対策の「司令塔」は機能したか　笹沢教一
胃は歳をとらない　三輪洋人
他者と生きる リスク・病い・死をめぐる人類学　磯野真穂
大人の食物アレルギー　福冨友馬
ヤング中高年 人生100年時代のメンタルヘルス　竹中晃二

ゲノムの子 世界と日本の生殖最前線　石原 理
体質は3年で変わる　中尾光善
若返りホルモン　米井嘉一

戦略で読む高校野球
ゴジキ　1173-H
二〇〇〇年以降、甲子園を制したチームを分析し、戦略のトレンドや選手育成の価値観の変遷を解き明かす。

トランスジェンダー入門
周司あきら／高井ゆと里　1174-B
「トランスジェンダー」の現状をデータで明らかにし、医療や法律などから全体像を解説する本邦初の入門書。

ウクライナ侵攻とグローバル・サウス
別府正一郎　1175-A
なぜ発展途上国の一部はウクライナへ侵攻するロシアを明確に批判しないのかを現地ルポを交え解き明かす。

スポーツの価値
山口　香　1176-B
勝利至上主義などスポーツ界の問題の根本原因を分析し、未来を切りひらくスポーツの真の価値を提言する。

スーフィズムとは何か　イスラーム神秘主義の修行道
山本直輝　1177-C
伝統イスラームの一角をなす哲学や修行道の総称スーフィズム。そのよく生きるための「実践の道」とは？

若返りホルモン
米井嘉一　1178-I
病的老化を止めるカギは最強ホルモン「DHEA」にある。最新研究が明らかにする本物のアンチエイジング。

日本が滅びる前に　明石モデルがひらく国家の未来
泉　房穂　1179-A
超少子高齢化や大増税で疲弊感が漂う日本。閉塞打破する方法とは？　やさしい社会を実現する泉流政治学。

アントニオ猪木とは何だったのか
入不二基義／香山リカ／水道橋博士／ターザン山本
松原隆一郎／夢枕　獏／吉田　豪　1180-H
哲学者から芸人まで独自の視点をもつ七人の識者が、あらゆる枠を越境したプロレスラーの謎を追いかける。

絶対に後悔しない会話のルール
吉原珠央　1181-E
人生を楽しむための会話術完全版。思い込み・決めつけ・観察。この三つに気を付けるだけで毎日が変わる。

疎外感の精神病理
和田秀樹　1182-E
コロナ禍を経てさらに広がった「疎外感」という病理。精神科医が心の健康につながる生き方を提案する。